남북한 출신 학자들이 함께 쓴

남북한의
삶, 만남, 평화
이야기

임상순
김병욱
신봉철
최영일

공저

박영사

"북한 학생들도 수능을 보나요?"
"북한 사람들도 휴가를 가나요?"

통일과 북한을 주제로 강의를 하다 보면 학생들로부터 많은 질문을 받는다. 이런 학생들의 질문을 통해 두 가지를 알게 된다. 첫 번째는 우리 학생들이 그만큼 북한에 대하여 관심을 가지고 있다는 것이고, 두 번째는 우리 학생들이 그만큼 북한에 대해서 잘 모른다는 것이다. 이것은 단지 학생들만의 이야기가 아니다. 1945년 8월 15일 광복 이후 70년 넘는 기간 동안 분단을 지속해 오면서 북한은 우리와 너무나 다른 존재가 되어 버렸다.

이 책을 쓴 네 명의 저자는 북한을 청소년들과 대학생들에게 보다 쉽게 소개하고 싶은 열정으로 집필을 시작했다. 저자 네 명 중 두 명은 북한 출신 연구자이다. 먼저 김병욱 박사는 평양에서 태어났으며 북한에서 대학까지 졸업한 인텔리 관료 출신이다. 그는 북한 사회의 전반 영역을 파악하는 지적 저울의 무게추가 연구자 개인의 감정으로 기우는 것을 항상 경계해야 한다고 이야기 했다. 무엇보다 통일이 자본의 시녀 노릇을 하는 것이 아닌 남북한 사람과 사람들의 마음이 닿는 손끝의 감정에 있음을 잊지 말아야 한다고 강조했다. 그와 달리 또 다른 북한 출신 저자인 최영일 박사는 양강도 김정숙군(옛 신파군)에서 태어나 함경북도 맨 끝자락에 위치한 온성군으로 추방된 평범한 탄광 노동자의 아들이다. 아버지가 철도 부문 탄광에서 일했던 관계로 그 역시 고등중학교를 졸업한 후 철도 노동자로 근무했다. 고난의 행군 시기에 돌아가신 아버지가 장남에 대하여 간절히 바랐던 대학 공부와 자신이 개인적으로 가장 이루고 싶던 소원인 학업의 꿈을 남한 입국 후 마침내 이룰 수 있었다. 그는 북한 이탈주민 학생들에게 주어지는 정부 등록금 혜택 대상이 아니었기 때문에 직장 출근과 등록금을 스스로 마련하면서 학부, 대학원 석박사 과정을 모두 마쳤으며, 박사학위를 취득하기까지의 열정은 이루 말할 수 없을 것이다.

남한 출신 학자 두 명은 공동 집필 작업을 하면서, 두 분의 안내로 북한이라는 큰 산을 조금이나마 입체적으로 볼 수 있었다. 김병욱 박사는 북한이라는 산을 이루는 큰 바위를 보여주면서 시대별 북한 체제 내구력과 동력이 어떤 것들이었는지를 이야기해 주었다. 최영일 박사는 북한이라는 산의 계곡에 흐르는 세찬 물줄기인 하층의 인민이 생존을 위해 노력했던 다양한 모습들과 시기마다 미세한 심층적 변화들을 설명해 주었다. 처음에는 서로 다른 북한의 모습에 당황했지만, 나중에는 큰 바위와 물줄기 모두 지금의 북한이 지닌 다층적 모습이라는 사실을 깨닫게 되었다.

북한 출신 저자 두 명은 남한 출신 저자 두 명과 얼굴을 맞대고 저술 작업을 진행해 가는 과정에서 남한 연구자들의 인간미,

지적 열정을 느낄 수 있었다. 남북한 출신 연구자들은 이 책의 기획 단계부터 교정 단계까지 모두 함께 참여하였다. 아마 이러한 시도는 이 책이 처음일 것이다. 임상순 교수의 말 없는 보살핌과 열정이 없었다면 이 책이 세상에 나오기 어려웠을 것이다. 임상순 교수는 지난 1년간 진행된 토론과 집필 과정을 주도하면서 대학생들에게 통일의 중요성을 일깨워 주고, 대학생들이 통일 관련 활동에 적극적으로 나서 주기를 바라는 간절함을 책의 글줄마다 담으려고 애썼다. 책 출간을 위해 서울에서뿐 아니라 평택의 대학교 캠퍼스에서 진행되었던 추운 겨울 밤늦은 시간까지의 회의와 업그레이드 작업은 전적으로 그의 리더십이 있었기 때문에 가능했다. 중학교 교사인 신봉철 박사는 통일에 무관심한 청소년들에게 통일의 의미와 필요성을 깨우쳐 주고자 하는 선한 의지를 보여주었다. 그는 중·고등학교 연령대의 학생들이 원하는 통일 접근 방식과 기성세대 통일방식 사이의 간극을 좁히기 위한 번뜩이는 아이디어를 테이블에 올려놓곤 하였다. 그리고 중·고등학교 교육의 중요성을 강조하면서 통일과 북한을 설명하는 교재는 단계, 과정, 기본에 충실해야 하며 지름길을 택하거나 시대별 정치 상황에 끌려가서는 안 된다는 점을 항상 강조했다.

남북한 출신 연구자 네 명은 이 책을 공동 집필하면서 통일에 대한 열망에는 남과 북이 따로 없다는 것과 남북한이 서로의 부족함을 채워주면서 함께 노력한다면 훨씬 큰 성취들을 이루어 나갈 수 있음을 확인할 수 있었다.

이 책은 청소년들과 대학생들이 북한이라는 큰 산의 윤곽을 이해하는 데 도움을 줄 것이다. 물론 70년의 역사를 가지고 있으며 2,500만 명이 살고 있는 북한을 이 책 한 권으로 모두 소개하기는 어렵다. 하지만 이 책을 통해 독자들은 북한 사람들의 삶의 방식과 관점에 대해 조금이나마 이해하게 되고, 통일의 필요성을 한 번 더 생각해 보는 기회를 가지게 될 것이다.

지금의 남북 관계는 겨울 날씨만큼이나 차갑게 얼어붙어 있다. 하지만 추위가 지나면 봄이 오듯이 언젠가 이 긴장 관계가 녹으면서 생각보다 빨리 통일이 우리 곁으로 다가올 수도 있을 것이다. 가을에 풍성한 수확을 맞으려면 겨울이 그만큼 추워야 하고, 농부는 추운 겨울에 따뜻한 봄을 부지런히 준비해야 한다. 통일은 어렵고 힘든 여정이 될 것이다. 그 여정에서 이 책이 유용한 안내서가 되었으면 하는 바람이다.

토론과 집필작업에 열중하느라 집안일에 소홀했음에도 투정 부리지 않은 저자들의 가족들에게 감사한다. 마지막으로 어려운 출판여건 속에서도 이 책이 출판될 수 있도록 많은 배려를 해 준 박영사 대표님과 직원들에게 감사드린다.

저자 임상순, 김병욱, 신봉철, 최영일

목 차

5장

정치생활 이야기

6장

직장과 시장생활 이야기

부록

주먹을 거두고 악수로: 독일의 통일 이야기

PYONGYANG

N O R T H
K O R E A

Military Demarcation Line
Demilitarized Zone

Panmunjom

S O U T H
K O R E A

SEOUL

1장 ───────────

학교생활 이야기

1. 북한의 유치원 생활

북한의 어린이들은 태어나서 초등학교에 들어가기 전인 만 5세까지 국가에서 무료로 운영하는 탁아소와 유치원에 다니게 된다. 유치원은 만 4세에 들어가는데 남한과 달리 북한의 유치원 2년은 학령 전 의무교육과정이므로 의무적으로 가야 한다. 물론 자녀를 유치원에 보내지 않았다고 해서 부모가 처벌을 받는 것은 아니지만, 대부분의 부모들은 학령 전 의무교육과정인 유치원에 보낸다. 유치원은 동 행정 단위별로 그리고 대기업과 같은 큰 기업소별로 운영된다. 일반적으로 모든 동 단위마다 유치원이 하나씩 있으며, 하나의 유치원에 다니는 어린이들의 숫자는 동 행정 단위의 크기에 따라 차이가 나는데 대체로 50명 내외이다.

북한의 3급 이상(종업원 700명 이상) 공장, 기업소에는 이곳에 종사하는 직원 자녀들을 대상으로 한 유치원이 있다. 종업원 수가 작은 공장, 기업소나 가정주부의 자녀들을 대상으로는 동(洞: 행정구역) 유치원이 운영된다. 유치원의 종류는 일반유치원 그리고 예술이나 미술 등에 특이한 재능을 가진 어린이들을 대상으로 하는 특수유치원이 있다. 특수유치원은 주요 도소재지에 한 개씩 있으며, 나머지 대부분은 일반유치원의 형태로 운영된다.

북한은 어린이들을 '나라의 왕'이라고 하면서 유치원 운영에 대한 관심이 높으나 지역에 따라 차별적이다. 예를 들어, 평양시에 소재한 동 유치원의 경우 원생들에게 우유를 공급하는 등 지방의 유치원생들에 비해 일종의 혜택이 주어진다. 북한의 모든 탁아소와 유치원생들은 해마다 김일성과 김정일의 생일이 되면 사탕과자, 강정 등이 들어있는 500그램의 선물을 받는다.

유치원에는 낮은 반과 높은 반이라는 학급이 있다. 낮은 반은 만 4세 어린이들이 다니고, 높은 반은 만 5세 어린이들이 다닌다. 유치원의 등원시간은 오전 8시 30분이다. 유치원생들은 등원을 하면 먼저 선생님과 함께 아침체조를 하고 어린이용 방송 프로그램을 시청한다. 그리고 9시부터 오전 수업을 받게 되는데 낮은 반은 30분, 높은 반은 45분 동안 이루어진다. 2차시 수업을 마치고 나면 30분간 야외에 나가서 놀이를 한다. 12시부터 1시간 동안 점심을 먹고 오후 1시부터 3시까지는 낮잠을 잔다. 그리고 3시부터 5시까지 오후 활동을 한 후 집으로 돌아간다.

유치원에서 배우는 것을 살펴보면 먼저 낮은 반에서는 간단한 셈세기, 종이접기, 노래와 춤, 놀이를 주로 한다. 이에 반해 높은 반은 학령 전 의무교육과정에 해당하기 때문에 국가에서 지정한 교재에 근거하여 '김일성 주석, 김정일 장군 어린시절', '우리말(한글)', '셈세기', '그리기', '만들기', '음악' 등을 획일적으로 배운다. 북한 주민을 대상으로 한 세뇌 교육이 유치원 단계에서부터 적용되는데, 3대 장군이라고 영웅시되는 김일성, 김정일, 김정숙(김정일의 생모)의 어린 시절 이야기를 유치원 안에 특별히 잘 꾸며진 학습실에 들어가 듣게 된다.

2. 북한의 소학교(초등학교) 생활

(1) 소학교의 교육과정

북한의 어린이들은 유치원 높은 반을 졸업한 후 집 근처에 있는 5년제 소학교에 다니게 된다. 원래 소학교는 4년제였는데, 김정은이 집권한 해인 2012년 9월에 남한의 국회 격인 '최고인민회의'에서 의무교육을 기존의 11년에서 12년으로 연장하면서 소학교가 5년제로 개편되었다.

3월 2일에 입학을 하는 남한과 달리 북한에서는 새 학년도가 4월 1일에 시작하기 때문에 신입생들이 4월 1일에 입학을 한다.

학년은 두 학기로 나누어 진행된다. 1학기는 4월부터 9월까지고, 2학기는 10월부터 이듬해 3월까지이다. 소학교 여름방학은 7월 16일부터 8월 15일까지 31일간이며, 겨울방학은 12월 30일부터 2월 18일까지 51일간이다. 북쪽이라 겨울이 추워서 겨울방학이 여름방학보다 더 길다.

대부분 집 근처의 소학교에 배정되기 때문에 대중교통을 이용해서 학교에 다니는 학생은 없다. 대신에 학생들은 매일 아침 학교 근처 공터에 학급별로 모여서 학급반장의 인솔하에 혁명가요 등을 부르면서 질서정연하게 등교한다. 등교 시간이 되면 학교 정문에서는 고학년 학생들로 구성된 학생 규찰대(과거 남한의 선도부와 유사)가 학생들의 신발과 복장, 가방 검사를 한다.

소학교에서는 하루에 주로 6시간씩 수업을 받는데, 2교시가 끝나면 모든 학생들은 운동장으로 나와서 업간체조(휴식시간을 이용한 간단한 몸풀기)를 20분간 한다. 등교 후에는 전교생이 모이는 조회가 있다. 사열행진을 하거나 달리기, 인민체조 등을 하며, 주요 행사가 예정되어 있는 경우에는 행사준비를 하기도 한다. 4교시가 끝나면 모든 학생들은 집으로 돌아가서 점심을 먹고 학교로 돌아온다. 점심시간은 12시부터 1시간 30분까지이다. 제 1중학교와 같은 특수학교나 영재학교의 경우에는 학교에서 급식이 제공된다.

　방과 후에는 학생들의 재능에 맞게 조직된 예술소조활동이 진행되기도 하지만 대체로 노력활동에 동원된다. 남한과 같은 형태의 사교육을 받는 학생들은 극히 일부에 불과하다.

남한에서는 ───

남한 학생들의 생활

남한의 학생들은 긴 시간을 학교에서 보낸다. 학교마다 조금씩 차이가 나지만 보통 9시에 1교시가 시작하기 때문에 20~30분 전에는 학교에 가야 한다. 그리고 초등학교는 오후 2시 30분, 중학교는 오후 3시 30분, 고등학교는 오후 4시 30분에 정규 수업이 끝난다. 하지만 본인의 선택에 따라 '방과 후 학교'나 자율학습 등이 있어서 훨씬 늦게 마칠 수도 있다. 거기에 각종 학원을 다니는 경우가 많기 때문에 남한의 학생들은 하루 중 공부를 하는데 가장 많은 시간을 보낸다고 할 수 있다. 남한 학생들은 다른 나라의 학생들에 비해 상당히 오랜 시간을 공부에 투자하고 있다.

또한, 남한 학생들은 영화, 게임, 음악 감상, 만화 보기, 친구들과 놀기 등 다양한 취미 생활을 즐기고 있다. 특히 요즘 학생들은 시간이 나는 대로 인터넷, 컴퓨터 게임을 한다. 최근에는 학생들이 지나치게 스마트폰과 컴퓨터를 많이 사용하여 건강상의 문제가 생기기도 한다.

북한의 소학교 교육과정

교과명	학년별 주당 수업시수				
	1학년	2학년	3학년	4학년	5학년
1. 위대한 수령 김일성 대원수님 어린시절	1	1	1	1	1
2. 위대한 령도자 김정일 원수님 어린시절	1	1	1	1	1
3. 항일의 녀성영웅 김정숙 어머님 어린시절	1				
4. 경애하는 김정은 원수님 어린시절	1	1	1	1	1
5. 사회주의 도덕	1	1	1	1	1
6. 수학	4	5	5	5	5
7. 국어	7	7	7	7	7
8. 자연	1주	1주	2	2	2
9. 음악무용	2	2	2	2	2
10. 체육	2	2	2	2	2
11. 도화공작	2	2	2	2	2
12. 영어				2	2
13. 정보기술(컴퓨터)				1주	1주

* '1주'는 1주일간 집중적으로 교육한다는 의미

위의 표에서 알 수 있듯이 북한 학생들은 소학교 5년 동안 총 13개 과목을 학습하게 된다. 이 중 영어와 정보기술(컴퓨터) 교육은 2012년 학제개편 이후 소학년 4학년부터 진행하고 있다. 2013년부터는 '경애하는 김정은 원수님 어린시절' 과목이 추가되면서 정치사상교육 시간이 확대되었다.

(2) 소학교의 조직생활

북한 교육의 목적은 원래 공산주의적 새 인간을 양성한 것이었다가 2009년 사회주의 헌법 개정 이후 '주체형의 새 인간 양성'으로 변경되었다. 그리고 김정은의 집권 시기인 2019년에는 공산주의 역군이 아닌 '지덕체를 갖춘 사회주의 건설의 역군'을 키워내는 것으로 바뀌었다. 모두 비슷한 말인 것 같지만 김정은 정권에 충실한 인간으로 만들겠다는 당국의 의지가 엿보이는 대목이다.

북한에서는 어릴 때부터 집단생활을 몸에 익히게 한다. 북한의 모든 학생들은 소학교 2학년부터 '조선소년단'에 가입하여 조직생활을 시작한다. 조선소년단은 1946년 6월 6일에 창단되었다. 따라서 남한의 현충일인 6월 6일에 북한에서는 조선소년단 창립을 기념하여 중앙과 지방 행정 단위에서 거대한 행사를 개최하고 당과 수령에 대한 충성심을 강조한다. 조선소년단은 북한에서 소학교 2학년부터 초급중학교 3학년까지 모든 학생들이 의무적으로 가입해야 하는 유일한 조직으로서 만 7~13세 어린이들로 구성되며 단원의 수는 300만 명에 이른다.

소학교 2학년 학생들의 입단 과정을 살펴보자. 조선소년단은 북한주민이 처음으로 입단하는 조직이기에 입단과정에 대한 당국의 관심이 높다. 북한은 소학교 2학년 학생들을 한꺼번에 소년단에 입단시키지 않고 특정한 날에 선택적으로 입단시킨다. 즉, 김정일 생일(2월 16일), 김일성 생일(4월 15일), 조선소년단 창립일(6월 6일) 세 차례에 걸쳐서 소년단에 학생들을 입단시킨다. 입단 순위는 충성심이 높고 공부를 잘하는 학생 순이다. 한 개 학급(30명 정도)에서 5~6명 정도 뽑아서 2월 16일에 가장 먼저 입단을 시키고, 나머지 학생들 중에서 30% 정도를 선발하여 4월 15일에 입단시키고, 마지막으로 남은 학생들은 6월 6일에 모두 입단하게 한다. 매우 우수한 학생들은 김일성의 고향인 만경대를 비롯한 혁명 유적지들에서 입단식을 한다. 나머지 학생들은 자기 학교에서 입단식을 하게 된다. 이러한 과정은 학생들 사이에 충성 경쟁을 불러일으킬 뿐만 아니라 첫 입단에 대한 긍지감을 가지게 한다. 소년단에 입단하기 위해서는 입단 선서문을 암기해야 하며, 입단 선서문과 붉은 넥타이, 소년단 휘장을 준비해야 한다. 소년단 입단식에는 지역 내 주요 간부들, 국가 유공자들, 학부모들이 참석하여 넥타이를 매어주는 등 격려를 해준다.

소년단 입단 선서문은 다음과 같다.

『나는 자애로운 할아버지 김일성 대원수님께서 키워주시고 경애하는 아버지 김정일 선생님께서 빛내어주시는 영광스러운 소년단에 입단하면서 언제 어디서나 대원수님과 지도자 선생님의 가르치심대로 생각하고 행동하며, 주체의 혁명위업을 대를 이어 빛내어나가는 공산주의 건설의 믿음직한 후비대로 억세게 자라나갈 것을 소년단 조직 앞에서 굳게 맹세합니다.』

소년단원이 되면 붉은 넥타이를 매게 된다. 북한에서는 넥타이의 붉은 색이 항일 빨치산 대원들의 붉은 피를 상징한다고 선전하며, 모든 학생들을 붉은 사상으로 물들이기 위해서 붉은 넥타이를 매게 한다. 소년단 뱃지와 넥타이는 소년단원임을 표시하는 상징이기 때문에 등교할 때는 반드시 착용해야 하며, 교문 앞에서 학생 규찰대가 매일 이를 검사한다.

소학교 학생들은 소년단에 입단하고 난 뒤에는 학교 소년단 위원회의 지시를 받고 실천하는 등 조직적인 학교생활을 하게 된다. 각 학교에는 소년단 조직을 지도하는 소년단 지도원이 1명씩 있다. 소년단 지도원은 각 학급별로 조직된 소년단 조직을 통해 학생들의 조직생활을 통제한다. 북한의 각 학교에는 학교 소년단 조직이 있고, 이를 운영하는 학교 소년단 열성자(간부)들이 있다. 각 학교 소년단 조직의 최고 열성자는 학교 소년단 위원장이다. 학교 소년단 조직은 산하에 각 학급 소년단 조직이 있다. 각 학급에는 소년단 조직을 운영해나가는 열성자들이 있다. 열성자들은 일반학생과 달리 간부표식을 달고 다니는데 학급의 열성자 중에서 분단위원장이 가장 높은 직급이다. 그 밑에 사상담당 부위원장과 조직담당 부위원장 등 학생간부들이 있다.

학급 분단위원장은 매일 학교 소년단 지도원 선생님을 만나 지시를 받으며, 이 지시를 학급 담임 선생님께 보고한 후 학급 학생들에게 전달한다. 학생들은 학급 내 소년단 조직성원으로 매달 분공(개인 과제)을 받고 수행하는 등 조직 생활을 한다. 소년단원들에게는 '꼬마 계획'이라는 개인 과제가 내려지는데, 토끼 기르기, 농촌 일손 돕기, 고철과 폐휴지 모으기, 호박씨, 역삼씨(한약재의 일종인데 기름을 짜서 다용도로 사용함), 재생가용한 천, 목재, 각종 못 등을 마련해 국가에 바치는 것이 대표적이다. 소년단원들은 학급별 생활총화에 참여해야 한다. 이러한 소년단 생활은 14세가 되어 청년동맹에 가입할 때까지 지속된다.

한걸음 더 ──── **생활총화, 누구를 위한 비판인가?**

생활총화는 보통 1주일에 한 번씩 하는데, 석 달에 한 번씩은 분기 생활총화를, 연말에는 연간 생활총화를 한다. 생활총화는 학교, 기업소, 근로단체 등 거의 모든 집단 단위별로 이루어진다.

생활총화는 수령의 교시를 근거로 자기의 한 주간 생활을 반성하는 식으로 진행한다. 생활총화에서는 자기 비판의 시간을 갖는데, 한 사람씩 일주일 동안의 자기 잘못에 대한 원인과 개선책을 이야기한다. 그리고 다른 사람의 잘못을 지적하는 호상비판(상호비판)을 한다. 공개적인 자리에서 누군가를 비판하고 비판받는 것은 그다지 유쾌한 일이 아니다. 하지만 반드시 해야 하기 때문에 서로 약속을 하고 매주 돌아가면서 비판을 하거나 만만하고 순한 상대를 골라 비판을 하곤 한다. 호상비판을 위해 평소 서로의 잘못을 찾아내야 한다.

생활총화는 당과 수령의 정책에 비추어 자신의 잘못을 반성하게 만들며, 이를 통해 북한 주민들이 국가가 만든 틀 속에서 순응하며 수동적으로 살아가도록 한다.

(3) 북한의 교사와 학급장(반장)

사람과의 관계를 특히 중요시하는 북한에서 돈을 많이 버는 것은 아니지만 권위를 인정받는 직업들이 있다. 최근 들어 그러한 경향이 많이 약해지긴 했지만, 그 대표적인 직업이 교사이다. 교사는 권위를 인정받고 존경받는 대신 그만큼 높은 도덕적인 태도와 희생을 요구받는다. 소학교의 경우 학년마다 반 편성을 하지 않고 입학할 때 배정된 학급이 졸업할 때까지 이어진다. 학생들은 어떻게 해서든 그 학급 내에서 적응하고 생활해야 한다. 당연히 개인의 개성보다는 집단에 대한 적응력이 우선시되고 친밀한 인간관계가 맺어진다. 담임 선생님도 한 번 정해지면 졸업까지 중간에 바뀌는 일이 거의 없다. 심지어 졸업 후에 학급 학생들이 특정한 지역에 집단적으로 취업하게 되면, 담임 선생님이 그 취업 현장 인근 학교로 배정되는 경우도 있다.

북한의 모든 학생(소학교 포함)들은 학급 내 학급장으로부터 행정적 통제를 받는다. 학급의 학급장은 남한의 학급회장과 유사하다. 남한은 학급 내 회장 체계밖에 없으나 북한에는 학급성원들을 조직 사상적으로 통제하는 분단 위원장체계(북한에서 분단은 하나의 학급을 의미)와 행정적으로 통제하는 학급장의 두 가지 체계가 있다. 학급 운영에서 조직생활과 관련한 것을 제외한 일체 활동, 아침모임 시 학생집결 통제, 학급별 행사 시 학생 통제, 수업 시 교사에 대한 목례 선창 등은 학급장이 한다. 학급장은 소년단 조직의 조직 부위원장을 겸한다.

3. 북한의 초급중학교와 고급중학교 생활

소학교 5년을 졸업한 학생들은 6년제 중등교육을 의무적으로 받게 된다. 2013년에 북한의 6년제 '고등중학교'가 '3년제 초급중학교'와 '3년제 고급중학교'로 분리·개편되었다.

(1) 초급중학교와 고급중학교의 교육과정

북한의 초급중학교 학생들은 주당 총 32시간을 공부하며, 3년 동안 총 16개의 과목을 이수한다. 초급중학교 교육과정을 표로 정리하면 다음과 같다.

북한의 초급중학교 교육과정

교과목	학년별 주당 수업시간		
	1학년	2학년	3학년
1. 위대한 수령 김일성 대원수님 혁명활동	2	2	
2. 위대한 령도자 김정일 대원수님 혁명활동		2	2
3. 항일의 녀성영웅 김정숙 어머님 혁명활동	1		
4. 경애하는 김정은 원수님 혁명활동	1	1	1
5. 사회주의 도덕	1	1	1
6. 국어	5	5	5
7. 영어	4	4	4
8. 조선력사	1	1	2
9. 조선지리	1	1	
10. 수학	6	6	6
11. 자연과학	5	5	5
12. 정보기술	2주	2주	2주
13. 기초기술	1	1	1
14. 체육	2(1주)	2(1주)	2(1주)
15. 음악무용	1	1	1
16. 미술	1	1	1

* '2주'는 2주일간 집중적으로 교육한다는 의미
자료: 국립통일교육원, 『2023 북한 이해』

남한에서는 _____

남한에서 중요시하는 과목

남한은 북한에 비해 과목의 숫자가 많다. 그 이유는 다양한 선택 과목들이 있기 때문이다. 이를 통해 학교와 학생들의 다양한 요구를 반영한다. 문과냐 이과냐에 따라 선택 과목이 달라지고, 전문계냐 일반계냐에 따라 배우는 교육 과정이 다르다.

하지만 보통은 입시에서 가장 중요시 다뤄지는 국어, 영어, 수학 과목을 중점적으로 가르치고 있다. 학교마다 차이가 있긴 하지만 입시를 중요시하는 고등학교에서는 이 세 과목이 전체 교과목 시간의 약 40% 정도를 차지한다. 그 밖에도 사회나 과학, 기술·가정, 윤리, 제2외국어 등의 과목이 있다. 제2외국어의 경우 과거에는 프랑스나 독일어가 인기 있었는데, 요즘은 중국어나 일본어를 선택하는 학생들이 많다.

2013년에 초급중학교 교과목 통합 및 개편이 이루어졌다. 제도, 실습 등의 과목이 '기초기술' 과목으로 재편성되었고, 컴퓨터 과목은 정보기술 과목으로 새롭게 개편되었다. 고급중학교 학생들은 주당 총 34시간 수업을 받으며, 3년 동안 총 22개 과목을 학습한다. 교육과정을 표로 정리하면 다음과 같다.

북한의 고급중학교 교육과정

교과목	학년별 주당 수업시간		
	1학년	2학년	3학년
1. 위대한 수령 김일성 대원수님 혁명력사	3	2	
2. 위대한 령도자 김정일 대원수님 혁명력사		2	4
3. 항일의 녀성영웅 김정숙 어머님 혁명력사		1/2	
4. 경애하는 김정은 원수님 혁명력사	1	1	1
5. 당정책	1주	1주	1주
6. 사회주의 도덕과 법	1	1	1
7. 심리와 론리			1주
8. 국어문학	3	2	3
9. 한문	1	1	1
10. 영어	3	3	3
11. 력사	1	1	2
12. 지리	1	1	1
13. 수학	5	5/4	4

남북한의 삶, 만남, 평화 이야기

14. 물리	5	4	2
15. 화학	3	4	2
16. 생물	3	3	3
17. 정보기술	2	1	1
18. 기초기술	2주	3주	3주
19. 공업(농업) 기초			4
20. 군사지식		1주	1주
21. 체육	1	1	1
22. 예술	1	1	1

* '1주'는 1주일간, '2주'는 2주일간, '3주'는 3주일간 집중적으로 교육한다는 의미
자료: 국립통일교육원, 『2023 북한 이해』

2013년 이후 '김정은 혁명력사' 과목이 신설되었고, 초급중학교의 '자연과학'이 물리, 화학, 생물로 세분화되었다. 전체 교과영역 중에서 가장 비중이 큰 것은 수학과 물리 화학 등 자연과학교과이며 영어교과의 비중도 높다. 이것은 김정은 정권이 강조하는 구호인 '과학기술의 힘으로 경제강국을 건설하자'에 발맞춘 것이라고 할 수 있다.

한걸음 더 ——— **혁명력사 연구실**

북한은 학교마다 '혁명력사 연구실'이 있다. 규모가 작은 학교 '혁명력사 연구실'은 하나의 교실 크기지만, 규모가 큰 대학에는 하나의 독립된 건물로 '혁명력사 연구실'이 있다. '혁명력사 연구실'은 김일성, 김정일 관련 혁명력사 과목을 공부하기 위한 전용교실 혹은 건물이다. 강의실에 입장할 때 소년단 지도원이나 청년동맹 지도원이 복장 검사를 한다. 깨끗한 복장을 입어야 하고 양말은 아예 따로 준비해 와서 교실 앞에서 갈아신기도 한다.
교실 안은 항상 깨끗이 정돈되어 있다. 교실 안에 들어가면 김일성, 김정일의

석고상이나 일생을 담은 삽화들이 전시되어 있다. 교실 안은 일정한 온도가 유
지되며, 대학의 경우 학생들이 경비를 서기도 한다.

(2) 초급중학교와 고급중학교의 조직생활

초급중학교를 졸업할 때까지 북한 학생들은 소학교와 마찬가
지로 '소년단'에서 조직생활을 한다. 그러다가 고급중학교에 진학
하면서 '사회주의 애국청년동맹'에 가입하게 된다. 청년동맹의 명
칭은 초기에 '조선사회주의 로동청년동맹(약칭으로 사로청)'이라 불
렸다. 2016년 8월 28일 청년동맹 9차대회에서 '김일성 – 김정일주
의 청년동맹'으로 변경되었다가 2021년 명칭이 '사회주의 애국청
년동맹'으로 바뀌었다. 일명 '청년동맹'이라 불리는 이 조직은 북
한에서 유일한 청년조직으로 14살부터 30살까지의 청년 학생층
이 의무적으로 가입한다. 조선로동당에 입당하지 못한 청년은 30
살이 지나면 조선직업총동맹 '동맹원'이 된다. '직업총동맹'은 청
년동맹보다 나이가 많은 중장년들로 구성되며, 노동당원이 아닌
사람들이 가입한다. 청년동맹은 북한 최대의 청년 근로 단체로서,
약 500만 명이 가입되어 있는 것으로 알려져 있다. 청년동맹은
청년들에게 국가의 정책과 노선을 관철시키는 조직으로 활용하고
있다. 또한, 북한 체제를 지지하는 세력을 생산하고 배출하며, 현
재와 미래의 간부를 양성한다.

청년동맹 가입은 소년단 입단과정보다 더 복잡하고 까다롭다.
먼저 학교 단위의 초급 단체 심의를 거친 후, 시(구역), 군 청년동
맹 학생부의 심의를 추가로 받아야 한다. 시(구역), 군 청년동맹

심의에서 합격해야 최종적으로 소년단의 표지인 붉은 넥타이를 풀고 청년동맹 가입식을 거쳐야 청년동맹증을 받을 수 있다.

북한의 고급중학교에는 청년동맹원들의 조직생활을 지도하는 유급편제의 청년동맹 지도원이 있다. 고급중학교에 각각 배치되어 있는 청년동맹 지도원은 학교 내에서 이루어지는 강연회, 학습회, 생활총화 등을 통해 모든 청년동맹원들의 조직생활을 지도하고 통제한다.

청년동맹 지도원은 학생들이 학교를 졸업할 때 '조직생활 평정서'에 최종 서명을 한다. 조직생활 평정서란 학생의 조직생활 참여 정도, 평소 행실 등을 기록해 놓은 문건이다. 소년단 조직생활 때부터 기록이 시작되는데, 이 문건은 주민등록대장과 유사하게 일생을 따라다닌다. 소년단 조직생활 시기에는 학교의 소년단 지도원이, 청년동맹시기에는 청년동맹 지도원이 평정서를 기록한다. 소년단 지도원과 청년동맹 지도원은 교원대학과 사범대학의 전문 학과에서 양성된다.

각 학급에는 소년단 조직 운영과 유사하게 청년동맹 초급단체 위원회가 조직된다. 학급별로 충성심이 높고 학업성적이 우수한 학생들이 초급단체 위원장과 부위원장을 맡는다. 초급단체 위원장은 매일 학교 청년동맹 지도원 선생님의 지시를 받으며, 학급 학생들에게 지시사항을 전달하여 실천하도록 한다.

북한과는 다르지만 남한의 학교도 단체 생활, 집단 활동을 강조한다. 사용하는 용어가 조금 다른데 북한에서 '단결', '집단' 같은 단어를 많이 사용한다면, 남한에서는 '협동', '공동체' 같은 단어를 더 즐겨 사용한다. 남한에는 북한의 소년단이나 청년동맹 같은 단체는 없지만 흥사단, 스카우트, 향사단 같은 청소년 단체가 있고, 각종 취미 생활을 함께 즐기는 동아리 활동도 있다. 청소년 단체는 강제로 가입해야 하는 의무가 없으며, 청소년 단체에 가입하지 않는 학생도 많다. 청소년 단체들은 저마다 여러 특색 있는 활동을 하지만, 공통적으로 자발적인 봉사 활동에 많은 중점을 두고 있다.

동아리도 마찬가지로 가입과 탈퇴가 자유롭고, 다양한 취미 생활을 하면서 자신의 꿈과 적성을 찾아가는 것이 목적이다. 남한 학생들의 집단 활동은 개인의 자율적인 삶을 위한 수단이라는 점에서 집단 활동 자체에 의미를 두는 북한과 차이가 있다.

(3) 노력동원과 군사훈련

초급중학교와 고급중학교 학생들의 대표적인 노력동원은 해마다 진행되는 모내기동원과 추수동원이다. 초급중학교 학생들은 학교에 다니면서 거주지의 주변 농장에 가서 노력동원을 한다. 여름에는 방과 후에 옥수수밭에 풀을 베러 나가고, 겨울에는 산에 가서 비옥한 부식토를 수집해 오기도 한다. 남학생들은 주로 지게에 담아오고, 여학생들은 머리에 이고 온다. 이렇게 모은 풀과 부식토는 밭에 뿌려진다. 농촌지역 학교 학생들은 길거리에 버려진 개, 소 분변을 모아서 한곳에 모아둔다. 이렇게 모인 분변들은 학교별로 지정된 농장에서 정기적으로 수거해 간다.

고급중학교 학생들은 매년 곡식을 심는 5월부터 6월까지 40~

45일간 학교를 떠나 지방 협동농장의 모내기에 동원된다. 그리고 다 익은 곡식을 걷어 들이는 9월 말부터 11월 초까지 20~25일간 지방 협동농장으로 추수를 나간다. 기차 등 대중교통을 이용하여 학교별로 지방으로 이동한다.

모내기와 추수 기간에 학생들은 5시에 기상하여 7시까지 오전 식전 작업을 실시하며, 아침 식사 후 8시부터 12시까지는 오전 작업을, 점심식사 후 오후 1시부터 7시까지는 오후 작업을 하고, 작업량이 많은 경우 저녁 식사 후에 전등을 밝힌 채 야간작업을 하기도 한다. 북한의 농촌은 기계화율이 매우 낮기 때문에 인력동원에 크게 의존하고 있다. 이 외에도 학생들은 5월 말~6월경이 되면 김매기, 벌레잡이, 비료주기, 풀뽑기, 철도 연선 풀뽑기, 도로 정비 작업, 장마철 돌담, 하천막이, 물길관리 작업 등에 수시로 동원된다.

북한의 모든 학생들은 고급중학교에 진학함과 동시에 예비 군사 전력인 붉은청년근위대에 입대한다. 1970년 9월에 창설된 붉은청년근위대는 고급중학교 1~3학년 남녀학생으로 조직되며, 학교 단위별로 중대, 대대가 편성되어 있다. 그리고 2, 3학년 학생들은 방학을 이용하여 해당 주거지 인근에 위치한 붉은청년근위대 야외훈련장에 입영하여 15일간 군사훈련을 받는다.

학생들이 훈련소에 입소할 때는 학생복이 아니라 카키색 훈련복을 입고 배낭과 목총을 메고 가야 하는데, 훈련복과 배낭, 목총은 개별적으로 준비해야 한다. 훈련소에 들어가면 군대 일과표에 따라 생활하게 된다. 오전에는 정치사상 교육을 주로 하며, 오후에는 달리기, 산고지 점령 연습, 목총 조준사격 연습을 한다. 실탄사격은 15일 훈련 중 1회 실시하는데, 엎드려 쏴 사격자세로 100미터, 200미터, 300미터 표적지에 각 1발씩 조준사격을 한다. 실탄사격에는 여학생도 예외가 아니다. 학생들 대부분이 사격에 큰 관심을 가지는데, 그 이유는 사격성적이 각 개인의 '조직생활카드'에 기록되어 평가에 반영되기 때문이다. 이들을 훈련시키는 교도관은 예비역 출신이다.

이렇게 훈련받은 붉은청년근위대 대원들은 유사시 군 하급간부 전투력 보완을 위한 예비대, 결사대로서 임무를 수행한다. 그리고 각 부대 간의 연락, 경비 및 순찰, 항공 감시, 위험분자 색출 등도 맡게 된다. 국가위기상황발생 시 붉은청년근위대 대원들에게 개인화기가 즉시 100% 지급되며, 필요시 공용화기도 일부 제공된다. 붉은청년근위대 대원 수는 약 100만 명으로 추정된다.

남한에서는 ——— **남한의 학제**

남한에선 보통 만 6세에 초등학교에 입학한다. 초등학교에 입학하기 전에는 대략 1~3년 동안 유치원을 다닌다. 현재 유치원은 의무 교육이 아니기 때문에 부모님의 선택에 따라 유치원에 다니지 않아도 된다. 하지만 일부 영어 유치원을 제외하면 국가에서 유치원비를 지원하기 때문에 대부분의 아이들이 유치원에 다닌다.

유치원을 졸업한 아이들은 초등학교 6년, 중학교 3년, 고등학교 3년 총 12년간 학교생활을 한다. 이 중 초등학교와 중학교는 의무교육이다. 대한민국 국민이라면 무조건 중학교까지는 졸업해야 하고, 그 비용은 국가에서 부담한다. 정상적으로 고등학교를 졸업한다면 20살이 된다. 이후에 자기 희망에 따라 취업을 하거나 2년제 혹은 4년제 대학에 진학한다. 군 의무복무제기 때문에 대부분의 남성들이 군대에 간다.

4. 북한의 대학 생활

북한의 대학교육은 1946년 10월 1일 김일성종합대학이 평양에 설립되면서 시작되었다. 현재 북한에는 종합대학과 전문대학뿐만 아니라 농장대학, 어장대학, 공장대학, 광산대학, 산업체 부설 현장대학, 방송대학 등 다양한 대학이 있다. 산업체 부설 현장대학 졸업자에게도 동등한 대학졸업자격이 인정되어 재교육의 기회와 동기가 부여되고 있다. 북한의 각 도 행정지역마다 의학대학, 농업대학, 사범대학들이 평균 1개씩 있다. 해당 지역에 있는 대학들은 그 지방 출신 학생들을 선발하여 교육시킨 후, 그 지역에 배치하여 활용한다.

북한의 대학은 학점제가 아니라 학년제로서 각 학년마다 이수해야 할 교과목이 정해져 있다. 특히, 사상교육이 강조되어 전공분야와 상관없이 공통과목으로 '주체철학', '혁명력사(김일성 노작)', '주체정치경제학' 등을 이수해야 한다. 그리고 전공에 따라 매 학년 6~9개의 전공과목을 이수하도록 되어 있다.

(1) 북한의 대학 입학시험

북한의 대학 입학시험은 대학 입학 추천을 위한 대학 '예비시험'과 '본시험'으로 구분된다. 내각 교육위원회가 각 도 행정지역에 대학 본시험을 볼 수 있는 수험생의 숫자를 정해주는데, 시·군 인민위원회 '대학생모집과'가 대학 입시 관련 행정을 책임지고 있다. 예비시험은 교육성이 주관하며 각 지역의 고급중학교 졸업생을 대상으로 치러진다. 보통 10~11월에 치러지며 시험과

목은 김일성혁명력사, 김정일혁명력사, 국어, 수학, 영어, 물리 등 6개 과목이다. 예비시험은 이틀 동안 오전에만 진행되며, 하루에 과목당 45분씩 3개 과목을 보게 된다.

예비시험에 합격한 학생에게는 본시험을 치를 수 있는 수험통지서가 발급된다. 예비시험을 거쳐 본시험 자격이 주어지는 학생은 고급중학교 졸업생의 약 20%이며, 이 가운데 본시험에 최종 합격하는 학생은 10% 수준이다. 이들은 성적이 우수할 뿐만 아니라 성분도 확실하고 가정환경이 대체로 우수한 학생들로서 '직통생'이라고 불린다.

수험통지서를 발급받은 학생들은 관련 서류를 준비한 후 응시 자격을 얻은 대학에 가서 본시험을 치르게 된다. 본시험은 보통 2월에 실시되는데 학과시험, 체력시험, 면접고사로 이루어져 있다. 대체로 학생이 살고있는 각 도 행정 지역의 대학에 진학하는 경우가 많지만, 공부를 잘해서 평양에 있는 대학에 시험을 보러 가려면 여행 증명서를 발급받아야 한다. 최종적으로 본시험에 합격한 학생들이 해당 대학에 입학한다.

대학 입학시험에 떨어진 학생들은 군대에 가거나 직장에 배치되기 때문에 재수생은 없다. 하지만 직장에 배치된 후 일정한 기간이 지나고 나면 다시 입시를 치를 수 있는 자격이 부여된다. 즉 직장에 3년 이상 근무하면 직장에서 추천을 받아서 대학 응시할 수 있다. 군대에 간 경우에도 군을 제대하고 나서 대학입학시험을 거쳐 대학에 입학할 수 있다. 군 복무를 끝낸 사람들을 "제대군인"이라고 부르는데, "제대군인"들은 대학 입학에서 조금 더 유리하다.

(2) 대학교의 조직생활과 군사활동

북한 대학생들은 대학기간에 청년동맹 조직생활과 교도대 군사활동에 의무적으로 참가해야 한다. 각 대학에는 대학별 청년동맹위원회가 있는데 그 산하에 학부 초급위원회, 학년, 학과, 학급별 초급단체가 조직되어 있다. 학년 및 학과 청년동맹비서는 대학 청년동맹위원회에서 선발되고 학급별 초급단체 위원장은 학급에서 선발된다. 대학에 있는 청년동맹 최고책임자인 청년동맹비서는 조선로동당에서 파견한 유급일꾼이다. 청년동맹비서는 전교생들의 조직생활이나 축제 등을 조직하고 지도한다.

대학생들은 모두 북한의 예비 군사조직인 교도대에 소속되어 있다. 교도대는 북한의 예비군사전력으로 만 17세에서 50세까지의 남성과 미혼 여성으로 구성된다. 북한의 모든 대학생들은 대학 2년차가 되면 남녀를 불문하고 6개월간 대학생 교도대에 입대해야 한다. 주로 평양시 부근의 고사포부대에 편성되어 군 생활을 하는데 정규군과 유사한 계급장과 군복을 착용하고 입영생활을 한다. 교도대 훈련과정을 이수하지 못하면 대학을 졸업할 수 없다. 북한의 교도대 소속 대학생은 전시에 정규군의 초급장교 임무를 수행할 수 있도록 전공별로 훈련을 받는다. 대학생들은 2학년이 되면 6개월간 군부대에 동원되어 입영 집체훈련을 받는다. 이 훈련을 마친 대학생들에게는 예비역 소위계급이 부여된다. 북한의 모든 대학은 군대조직처럼 운영된다. 대학은 연대, 학부는 대대, 학과는 중대, 학급은 소대이다. 대학에서는 학급장을 소대장이라고 부른다.

북한 대학생들의 교복

대학생들은 매주 월요일 아침마다 교복을 입고 사열행진을 하면서 상학검열(남한의 전체 운동장 조회와 유사)을 받는다. 그리고 매일 2교시를 마치고 각 학과 소대장 학생이 학과 사무실에 가서 방과후 일과를 지시받게 되는데, 정치행사에는 인민반 선전활동이 있으며 노력동원에는 모내기, 추수동원이 대표적이다. 북한의 대학생들은 등록금이나 기숙사비에 대한 부담이 없으며, 교재도 무료로 공급받는다. 성적이 우수한 학생들에게는 장학금이 지급되기도 한다.

교육은 그 사회의 유지와 발전을 위해 필수적이다. 한 국가의 교육정책을 살펴보면 그 국가가 지향하는 바를 알 수 있다. 최근 북한은 세계적인 추세에 맞게 과학 기술, 정보 통신 기술과 관련한 교육을 강화하는 추세이다. 평양과 지방의 차이가 크고, 계층에 따라서 교육의 혜택이 다르다. 예를 들면, 같은 시기에 평양의 특정 지역은 어린 학생들에게 콩우유를 배급하지만 지방에서는 그렇지 않다. 북한과 남한의 교육 여건은 크게 다르지만, 교육이 경제성장과 미래 국가 발전의 원동력이라는 사실은 남북한의 사회가 공통적으로 인식하고 있다. 따라서 북한이나 남한 모두 교육열이 높고 사회적으로 교육에 거는 기대와 고민은 크다.

한걸음 더 _____
북한의 성적 스트레스

북한에서는 소학교 때부터 전 학생의 성적이 공개된다. 시험 성적은 게시판을 통해서 전교생에게 공개되며, 학부모도 그 사실을 알고 있다. 시험은 보통 학기 말에 한 번 치러지는데, 객관식 시험은 없고 주관식으로 된 필기시험과 구술시험을 본다. 최근에는 공부를 잘해야 출세한다는 인식이 퍼지면서 경제적으로 여유가 있는 집에서 개인 과외 교습을 시키는 경우도 있지만 아직 그 숫자가 많지는 않다. 북한도 명문대(중앙에서 운영하는 대학)에 들어가면 출세한다는 인식이 있기 때문에 나름대로 입시 경쟁이 존재한다. 물론 컨닝을 하는 학생도 있는데, 발각되면 해당 과목의 0점 처리는 물론이고 생활총화 시간에 공개적인 비판을 받는다.

다만, 공부를 잘해도 성분이 좋지 않으면 좋은 대학을 가지 못하기 때문에 아예 학부모나 학생이 성적 향상을 포기하는 경우도 일부 있다.

남한에서는 _____
남한의 시험과 입시 경쟁

북한과 달리 남한의 필기시험은 객관식이 많다. 주로 객관식 문제의 답을 OMR카드에 표기하고, 컴퓨터로 채점한다. 물론 서술형 문제도 있고, 여러 학습 활동을 평가하는 수행평가도 큰 비중을 차지한다. 과거에는 시험을 잘 보기 위해 암기력이 많이 강조됐는데, 요즘은 과거에 비해 암기력보다 문제 해결력, 창의성 등이 강조된다. 북한에서 깨우쳐 주는 교수법이나 집단 활동과 '실습을 통한 학습'을 강조하듯이 남한에서도 소집단을 이루는 협동 학습, 특정한 주제나 문제를 깊이 있게 탐구하는 프로젝트 학습 등이 인기이다. 무엇보다 스스로 관심을 가지고 공부할 수 있는 자기 주도적 학습능력을 기르는 것을 중요하게 생각한다. 남한에서는 직관물을 많이 사용하는데, 교사는 거의 모든 수업 시간에서 컴퓨터와 인터넷을 활용한다. 최근에는 태블릿이나 스마트폰을 활용하는 스마트 교육도 많이 실시되고 있다. 그리고 학생들이 선생님에게 직접 수업을 듣는 대신 인터넷으로 강의를 듣는 경우가 많다. 남한의 학교에서는 거의 모든 교실에서 인터넷을 사용하는 것이 가능하고, 교사들도 각자의 컴퓨터를 자유롭게 활용할 수 있다.

개인마다 차이는 있겠지만 남한의 학생들에게 가장 큰 고민거리는 아마도 성적과 입시일 것이다. 좋은 성적을 얻어야 가고 싶은 대학의 원하는 전공을 선택할 수 있기 때문이다. 그리고 이것은 나중에 직업을 선택하는 데에도 영향을 준다. 따라서 학부모들도 학생들의 성적에 관심이 많다. 대부분의 남한 학생들은 학교를 마친 후에 학원에 간다. 피아노, 미술, 태권도 같은 예체능 학원에 다니는 학생들도 있다. 하지만 대부분 성적을 높이기 위해 영어나 수학 학원에 등록한다. 2~3개의 학원을 다니기도 하고 늦은 밤이나 주말에 학원을 가기도 한다.

이 외에도 이성 교제나 친구 문제, 진로 문제로 고민하는 학생들이 많다. 일반계 고등학교 학생들은 성적이나 진학에 관심이 많지만, 전문계 고등학교 학생들은 취업에 관심을 가진다. 물론 일반계 고등학교 학생들이 졸업하고 바로 취업을 하는 경우도 있으며, 전문계 고등학교 학생들이 졸업하고 대학에 진학하는 경우도 있다.

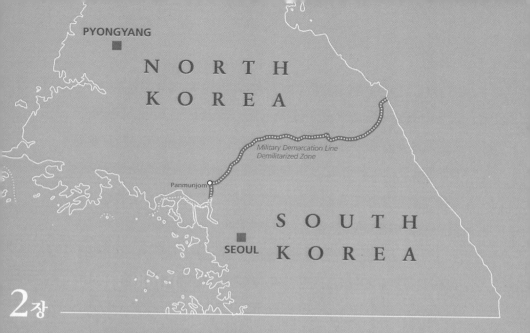

연애와 가족생활 이야기

1. 이성 교제에 대한 시선

남북한은 체제가 다르지만 사람으로서 느끼는 기본적인 욕구는 크게 다르지 않다. 특히 이성에 대한 호기심이나 사랑의 감정은 남북한 청소년, 대학생들 사이에 차이가 없을 것이다. 북한에서는 자유주의 사상이나 자본주의 사상의 영향을 받지 않는 혁명적 기풍에 어울리는 고상한 연애를 강조한다. 공식적으로는 '개인의 욕구'보다 '집단의 영광'과 그 속에서 차지하는 개인의 지위를 중요시하기 때문에 이성 교제에 대한 인식이 보수적이다.

어른들은 이성 교제를 하면 아무래도 공부나 집단 활동에 소홀해진다고 생각한다. 이성교제를 하는 학생들에게는 '연애꾼'이라는 다소 부정적인 별명이 붙으며, 공부에 지장을 받고 조직생활에 소홀해지므로 비도덕적인 학생으로 여겨지며 심지어, 생활총화에서 집중 비판의 대상이 된다. 그러다 보니 청소년들은 공개적인 이성 교제를 꺼리게 된다. 학생규합대가 조직되어 사회질서를 바로 잡고 문란행위를 통제한다. 규찰대는 주로 거리에서 청소년들의 생활이나 옷차림을 단속하는데, 이성 교제가 단속의 대상이 되기도 한다. 공식적으로 '혁명적인 생활 기풍'이 강조되고 있는데, 이것은 과거 남한에서 강조되었던 유교적이고 보수적인 생활 태도와 유사하다.

2장_ 연애와 가족생활 이야기

남한 학생들의 이성 교제

남한에서는 청소년, 대학생들 간의 이성 교제가 어느 정도 자유로운 분위기 속에서 이루어진다. 물론 지나친 이성 교제로 인한 부작용도 있지만, 건전한 이성 교제는 한 인간의 성장에 크게 도움을 주는 측면이 있다. 청소년기 이성에 대해 관심을 가지는 것은 자연스러운 일이기 때문에 부모님이나 선생님에게도 이성 교제 사실을 숨기는 것은 바람직하지 않다.

최근의 한 조사에 의하면 고등학생 중 이성 교제 경험자의 비율이 62.7%이다. 처음 이성 교제를 시작한 시기는 중학교 59.6%, 초등학교 30%, 고등학교 10.4%로 중학교 때 이성 교제를 처음 시작했다는 비율이 가장 높았다. 자녀의 이성 교제에 대한 부모님의 의견도 찬성하는 비율이 50%, 반대하는 비율이 13.9%로 찬성이 다소 높았는데, 36.1%는 부모님께 알리지 않고 이성 교제를 한다고 응답했다.

2. 중·고등학생의 이성 교제

북한의 초급중학교와 고급중학교에서도 이성 교제가 많이 이루어진다. 과거에는 '발렌타인 데이'나 '화이트 데이' 같은 것을 챙기지 않았고 선물도 특별히 주고받지 않았다. 하지만 최근에는 외부 문물의 도입으로 연인들끼리 각종 선물을 주고받기도 한다. 1980년대 후반에 나온 북한 영화 <봄날의 눈석이>에서 남자 주인공이 라이터를 선물 받는 장면이 나온 이후, 학생들 사이에서 라이터 선물을 주고받는 것이 유행이 되었던 적이 있었다. 1990~2000년대에 들어서도 영화나 드라마에서 나오는 청춘남녀의 연애를 모방하고 흉내 내는 연애풍조가 만연해 있었다. 어느 드라마에서 여자 주인공이 겨울철 작업 중에 남자 주인공에게 가락장갑(손가

락장갑)을 선물하는 장면이 방영된 적이 있었는데, 이후 1~2년 동안 여자가 남자에게 장갑을 선물하는 풍조가 일기도 했다. 북한에서는 사상 교양의 수단으로 영화 티켓이 학생들에게 배부되는데, 이를 이용해서 함께 영화를 보는 커플들도 있다.

최근에 빈부격차가 심해지면서 자신의 계층에 맞는 이성과 만나는 경향까지 생겨나고 있다. 당 간부 또는 행정 간부 집안의 자식들은 같은 간부 집안의 자식들끼리 만나 연애를 하고, 노동자 집안의 자식들은 형편에 맞추어 같은 노동자 집안의 자식들을 만나 연애를 한다. 사회주의 건설과정에서 북한은 모든 인민이 평등한 사회를 주장해 왔지만, 현실 속에서는 자연스레 계층의 분화가 나타나고 있다.

한걸음 더 _____ **영화 <봄날의 눈석이>**

1985년에 제작된 이 영화는 일본 현지에서 일부 촬영되었고, 부산국제영화제, 체코의 카를로비바리 영화제에도 초청이 되었다. 주제곡인 '사랑의 별'이라는 곡도 많은 사랑을 받았다. 제목에 있는 '눈석이'라는 단어는 봄에 눈이 안에서부터 녹아 부스러지는 모습을 나타낸다. 영화는 제목처럼 남북이 대립과 갈등을 극복하고 화해해야 한다는 내용을 담고 있다. 우익 재일교포 단체인 민단에 소속된 가정의 여성과 좌익 재일교포 단체인 조총련에 가입된 가정의 남성 사이의 사랑이 결실을 맺는 모습을 담고 있다. 해외 교포 자녀들의 사랑을 다루다 보니 애정 표현도 기존의 북한 영화보다 다소 과감하다. 물론 수령의 위대성을 내용으로 넣어야 하기 때문에 다소 억지스러운 전개나 대사도 있지만, 사랑을 통해 이데올로기 갈등이 극복되는 내용을 그렸다는 점에서 흥미로운 작품이다.

3. 대학생의 이성 교제

이성 교제가 공부에 방해가 된다는 생각은 대학에서도 이어진다. 북한의 대학교는 각 학생이 과목을 선택해서 수강하는 것이 아니라 고등학교처럼 한 학과학생들이 같은 과목을 수강하기 때문에 1학년부터 시작해 고학년으로 올라가면서 가족적인 분위기가 형성된다. 강의뿐만 아니라 방과 후 각종 동원, 농촌 지원, 군사 훈련에도 같이 참여하면서 서로를 알아갈 수 있는 기회가 많다. 그러면서 여학생이 남학생의 옷을 바느질하고, 다림질을 해준다거나, 남학생이 여학생의 기숙사를 수리해주는 식의 관계가 자연스럽게 성립된다. 그렇다고 해서 같은 반 남녀 학생들끼리 결혼까지 이어지는 경우는 드물다.

1980년대 후반 이후 대학을 비롯한 교육기관에 식량 공급이 원활하게 이루어지지 않으면서 대학 내 이성 간 교제 역시 의식주 문제와 연결된 개인주의의 영향을 받았다. 평성, 평양, 함흥, 청진을 비롯한 도시에 있는 대학이나 교육기관에서 교육을 받는 학생들도 배고픔에 시달리게 되었다. 이로 인해 하루 세끼가 거의 같은 식단이고 식사 제공량마저도 적어서 학생들은 방학이나 농촌 지원 기간, 혁명전적지(김일성 항일투쟁과 관련된 장소) 및 사적지 답사기간을 이용해 집에 가서 먹을 것을 가져온다. 집에서 가져오는 것은 옥수수가루, 통옥수수, 잡곡쌀 등 보관해서 먹기 편리한 가공식품이며, 저녁마다 조금씩 먹으면서 배고픔을 달랜다. 참고로 북한의 대학 기숙사에는 냉장고가 설치되어 있지 않아서 보관이 어려우며, 간식을 먹을 때 같은 기숙사 학생들과 나누어 먹는다. 그래서 이성 간에 교제할 때 집에서 가지고 온 간식을 함께 먹기도 한다.

여대생이 임신하거나 결혼을 하면 학교를 그만두어야 한다. 남한 학생들처럼 북한의 청소년, 대학생들도 이성에 대한 호기심이 있어 바쁜 집단 활동 속에서 사회적 윤리에 어긋나지 않게 이성 교제를 한다.

북한의 대학 기숙사는 군대와 비슷한 체제로 운영된다. 정해진 시간에 일어나서 씻고, 학부별로 밥을 먹고, 집단적으로 열을 맞추어 학급으로 이동하여 수업을 받는다. 남학생들 가운데 군 제대자들은 10년의 군대 생활 후 대학에 입학하기 때문에 고급중학교를 졸업하고 대학에 입학한 여학생들과 보통 10살 이상 나이 차이가 난다. 제대군인 중에는 이미 결혼을 한 기혼자도 있다. 이러한 나이 차이 때문에 제대군인들과 여학생들 간의 커플은 그리 많지 않다.

백두산 혁명전적지 답사 행렬

졸업 학년이 되면 대학생들은 현지 전적지 답사를 하거나 농촌 지원을 나가게 된다. 여기에서 다른 학교 학생들과 만나고 나름의 오락 시간을 가지는 등 북한 대학생들도 청춘의 낭만을 즐긴다.

4. 결혼 연령

북한 당국은 주민들에게 '청춘을 조국에 바치고 늦게 결혼하는 것이 좋다'는 인식을 강요한다. 그리고 여성의 노동력을 중요시하기 때문에 일찍 결혼하는 것을 장려하지도 않는다. 따라서 대체로 대학 졸업 이후나 군 제대 이후에 결혼한다. 군 생활을 하지 않는 직통생(고급중학교를 졸업하고 바로 대학으로 입학한 학생)들은 일반적으로 26~28세부터 결혼을 하지만, 군을 제대한 학생들은 보통 30대 초반이 되어서야 결혼을 한다. 군을 제대하고 대학에 들어간 경우 방학 때 고향으로 내려가서 결혼하기도 한다. 최근에는 여자들도 결혼이 늦어지면서 28세 정도에 결혼하는 경우가 흔하다.

북한에서는 피임약이 많이 보급되어 있지 않아서 피임을 원하는 여성들은 회충약을 먹거나 장마당에서 유통되는 중국제 피임기구를 사용한다. 의사들이 몰래 낙태 수술을 하는 경우도 많다. 이 수술은 대부분 금전거래와 뇌물을 통해 이루어지며, 당 간부의 경우에는 지위를 이용해 자녀의 낙태를 돕는다. 북한에서 낙태는 법적인 책임과 함께 사회적으로 비판의 대상이 된다. 그리고 이러한 비판은 남성보다 여성에게 심하게 가해진다.

남한의 결혼 연령

결혼에 대한 태도는 성별, 연령, 교육 수준에 따라 많이 다르다. 사실 현대사회에서 결혼의 적정 연령이라는 것은 갈수록 의미가 약해지는 추세다. 2021년 한국청소년정책연구원의 「청년사회·경제실태조사」에 따르면 남자의 평균 결혼 연령은 31.3세, 여성의 평균 결혼 연령은 30.4세로 나타났다. 하지만 결혼을 반드시 해야 한다는 설문에는 39.1%만이 결혼의 필요성을 인정했다. 2021년 통계청의 「인구주택총조사」에서도 1인 가구의 비율은 31.7%를 차지했다.

남한에서는 여성이 고등교육을 많이 받고 있으며, 여성 스스로 전문적인 직업을 가지고 생계를 꾸리는 비율도 높다. 자아실현 욕구가 강해지고 취업과 육아에 대한 어려움이 커지면서 갈수록 자녀도 적게 낳는 추세이다. 통계청의 「2020년 출생통계」에 따르면 15~49살 여성 1명이 평생 낳을 것으로 예상되는 평균 출생아 수를 나타내는 합계출산율이 0.81명으로 미래에 인구 감소는 피할 수 없는 현실이 되었다.

5. 인기 있는 배우자

돌격대나 직장 생활 과정에서 남녀가 서로 가까워지는 경우가 많다. 그리고 군대와 돌격대 생활에서 친해진 남자 동료들끼리 자기 여동생이나 누이를 소개하는 경우도 있다. 북한에서는 중매를 통한 결혼이 많은데, 이는 그만큼 집단생활을 통해 이루어지는 인간관계가 사회적으로도 중요한 역할을 하기 때문이다. 집단생활이 지속적이기 때문에 여기서 맺어지는 인간관계가 그만큼 끈끈할 수밖에 없다.

북한에서도 연애 결혼이 갈수록 증가하는 추세다. 그리고 북한 역시 직업이 다양해지면서 인기 있는 배우자의 직업을 한마디로 정의하기는 어렵다. 북한에서 인기 있는 배우자는 당연히 성분이 좋은 사람이다. 입당과 출세를 위해서는 아무래도 성분이 좋아야 하고, 성분이 나쁘다면 사회적인 면과 경제적인 면에서 여러 가지 불이익을 감수해야 하기 때문이다. 최근에는 시장화가 진행되면서 성분 위주의 배우자보다는 경제적으로 여유가 있는 남자 또는 여자가 배우자로 인기가 많아지고 있다. 특히 외화벌이와 관련된 일을 하거나 생활력이 강한 사람이 인기 있는 배우자감이다. 최근 시장 활동으로 돈을 많이 벌어들인 상인이 여기에 포함된다.

시장이 확산되기 전, 북한 여성들의 배우자 선택 기준 가운데 특이한 것은 '사회적인 존경'을 따지는 것이었다. 사회적으로 존경받는다는 것은 그 사람의 인품이 훌륭하고 능력이 출중하다는 의미이다. 북한에서 사회적 명예 혹은 존경은 물질적 풍요로 이어진다. '영예 군인(상이군인)', 즉 군 복무 중 크게 다친 사람이나 공무를 수행하는 도중에 장애를 입게 된 사람들도 여성들에게 배우자감으로 인기가 많다. 영예 군인은 경제적으로도 우대를 받지만 사회적으로 큰 존경을 받기 때문이다. 학교에서도 영예 군인의 체험담을 듣는 시간이 마련되기도 하고, 사람들이 많이 이용하는 기차에서는 노약자나 임산부보다 우선적으로 영예 군인 좌석이 확보되어 있다. 북한은 사회주의, 집단주의 체제이기 때문에 국가와 사회를 위하여 헌신하고 희생한 사람들에게 명예를 부여하고 물질적 보상을 제공한다. 이를 통해 주민들에게 국가와 체제에 충성하도록 유도한다.

영예 군인과의 결혼식에는 군당, 도당 책임비서, 중앙당 간부가 가끔 참석하면서 사회적인 존경을 극대화하고, 당에서 직접 선물과 집을 마련해 줌으로써 국가에 대한 희생과 봉사를 강조한다. 이것 자체가 북한에서는 큰 영광이자 집안의 자랑이 되기 때문에 몸이 불편한 영예 군인에게 자신의 여동생을 소개해주는 경우도 많다.

　　최근에 물질적인 조건도 매우 중요해졌다. 요즘에는 '열대메기'를 1등 신랑감으로 꼽는데, '열대메기'란 배우자를 열렬히 사랑하고, 대학을 졸업했으며, 당원이면서, 혼수품인 5장 6기를 소유한 사람을 말한다. 한편 1등 신부감으로는 '현대가재미'를 이야기하는데, '현대가재미'란 현금이 많고, 대학을 졸업했으며, 가풍(출신성분)이 좋고, 재주가 있으면서 아름다운 여성을 말한다.

남한에서는 ──── **남한의 결혼 조건**

결혼에 있어서 당사자들의 선택과 의사가 중요해지면서 결혼에 대한 의식은 점차 변해가고 있으며, 결혼의 형식이나 형태도 다양해지고 있다.

미래에 대한 불확실성, 취업의 어려움으로 인해 공무원이나 공공기업, 교사 등 대체로 안정적이고 고용기간이 긴 직장의 종사자들이 배우자감으로 인기를 얻고 있다. 혼수, 예단, 주택 마련과 관련한 전통적인 결혼 관습이 아직은 남아 있긴 하지만 점차 변해가고 있다.

2020년 결혼정보회사 '듀오'에서 실시한 조사에 따르면 배우자 선택 시 가장 중요하게 생각하는 요인으로 남성은 성격 > 가치관 > 외모를 꼽았고, 여성은 성격 > 가치관 > 경제력을 중요시하는 것으로 나타났다.

6. 결혼 풍경

북한에도 남한과 같은 예식장이 평양을 비롯한 주요 도시에 몇 개 있기는 하지만, 이를 이용하는 사람은 극히 소수에 불과하고 대부분은 남자의 집에서 결혼식을 치른다. 신랑이 신부의 집에 가서 신부를 신랑의 집으로 데리고 오는 것으로 결혼식이 시작된다. 친척과 지인들, 마을 사람들을 초대해서 결혼식을 올린다. 원래 북한의 결혼식에서는 남한과 같이 입구에서 축의금을 내고 식사권을 받아 가는 풍경이 없었다. 그러다가 최근에 도시를 중심으로 현금을 축의금으로 내는 사례가 늘어나고 있다. 그리고 돈 대신 쌀이나 이불 등 생활에 유용한 물건을 축의금 대신 내는 금전적, 물질적 지원이 확산되고 있다. 복장도 여성은 한복, 남성은 양복을 입었지만 현재는 웨딩드레스와 턱시도를 포함하여 다양해지고 있다. 폐백은 아직 남한에 남아있는 풍습이지만, 북한에서는 봉건 잔재라고 하여 1970년대 초에 없어졌다. 그렇다고 해서 북한의 결혼이 남한보다 덜 중요하게 치러지는 것은 아니다.

결혼 당일 신랑이나 신부가 근무하는 기업소의 화물차 또는 당, 행정 기관의 버스, 화물자동차가 신랑과 신부의 이동과 신부의 혼수를 나르는 일에 동원된다. 기업소의 차량은 본래 개인적 용도로 사용이 금지되어 있지만, 결혼식 날만큼은 기업소에서 기꺼이 차를 내어 준다. 주례 역시 남한의 주례사처럼 거창한 것은 아니고 초급 당비서, 기업소의 직속 상관 혹은 친척 중 가장 연장자가 성혼 선언을 한다. 그리고 동네 축제처럼 술과 음식을 나눠 먹고, 다 함께 노래를 부르고 춤을 추기도 한다. 음식의 종류가 많거나 양이 푸짐하지는 않지만, 이웃과 친척들의 도움을 받아 모두가 함께 즐기는 분위기가 만들어진다.

북한 체제의 특성상 여행이 매우 어렵기 때문에 남한과 같이 해외로 신혼여행을 가는 경우는 없다. 국내로 여행가는 경우도 많지 않고 대신에 근처의 김일성 동상이나 만수무강탑(김일성, 김정일의 만수무강을 기원하는 탑), 혁명전적지 등을 참배하고 사진을 찍는 것으로 결혼식이 마무리된다.

북한은 주택 건설을 국가가 전담하고 있어서 결혼 이후, 원하는 곳에 집을 장만하기 어렵다. 최근에는 분가를 하는 경우가 많지만, 주택의 매매도 제한이 많아서 시부모를 모시고 살아야 하는 경우가 많다. 북한은 아직도 유교적 전통이 강하게 남아 있으며, 보수적인 사회 분위기가 형성되어 있다. 가령 고부간의 갈등이 발생할 경우 주로 며느리가 비판을 받게 된다.

7. 북한 가정의 성 역할

북한에서는 결혼식 준비는 물론이고 혼수 장만에 있어서 여자들의 부담이 남쪽보다 많다. 결혼식부터 이불, 이불장, 각종 식기까지 여자 쪽에서 부담하는 것이 보통이다. 북한에서 인기 있는 혼수품목을 '5장 6기'라고 하는데, 5장은 이불장, 옷장, 신발장, 찬장, 장식장을 말하고, 6기는 TV, 녹음기, 세탁기, 선풍기, 냉장고, 재봉틀을 말한다. 부유층은 여기에 전기밥솥이나 휴대전화가 더해지기도 한다. 하지만 현실적으로 이 품목을 모두 준비해서

결혼하는 신부는 거의 없다. 최근 평양의 일부 부유층들은 5장 6
기 대신 '손오공아(손전화기, 오토바이, 남편공부 뒷바라지, 아파트)'를
선호한다고 한다. 북한에서도 소득 수준의 격차가 벌어지면서 달
라진 북한의 세태가 반영된 것이다.

북한 여성들은 집안일을 거의 전담하고, 가정 형편이 어려울
때마다 스스로 나서서 가계를 책임진다. 특히 함경도 여성들은
집안의 크고 작은 일과 자녀 양육의 대부분을 거의 혼자 해내는
것으로 유명하고 생활력이 강하다고 알려져 있다. 함경도에 장가
를 가는 남성은 '장가를 그냥 간다'는 말이 있을 정도로 결혼부터
이후 가정생활까지 아내가 책임지고 이끌고 가는 것으로 유명하
다. 이는 북쪽 여성의 강인함을 나타내주는 방증이다.

북한은 아직 남녀 성 역할에서 가부장적인 관습이 강하게 남
아 있다. 북한에서는 여성의 정치적, 사회적, 경제적 참여, '양성
평등'과 같은 인식이 아직 미약하다. 혁명과 건설의 한쪽 수레를
여성이 책임지고 나간다고 선전은 하지만, 실제 사회생활과 가정
생활에서 여성은 남성에 종속되어 있다. 실제 삶 속에서 남성이
가정을 위해 하는 일은 직장에 출퇴근하는 것이 거의 전부라 할
수 있다. 북한에서는 식의(食衣: 먹고 입는)문제 등 생계를 대부분
여성들이 책임지고 있다.

북한 여성들은 집안일을 억척스럽게 꾸려가지만 정작 대외적
으로는 남성을 내세운다. 남편을 '세대주' 혹은 '나그네'라고 지칭
하는 것에서 알 수 있듯이 남성은 전통적으로 대외적인 활동을
하는 사람이고, 여성은 그러한 남성이 사회적 역할을 수행할 수
있도록 가정에서 보조하는 사람이라는 인식이 강하다. 고난의 행

군 시기 여성들이 가사는 물론이고 외부의 경제 활동까지 책임지면서 여성의 지위가 많이 올라가긴 했지만 아직까지 남성의 지위가 여성에 비해 높은 것이 사실이다. 공식적으로 '가정이 화목하려면 아내가 남편을 공대(떠받들고 모셔야 한다는 뜻)해야 한다'라는 말이 통용될 정도로 남성이 여성보다 우대를 받는다.

대신에 북한 남성들은 전기, 목공, 석탄, 집수리, 전기 수리, 난방용 나무 수집, 연탄 찍기(북한에서는 가정에서 연탄을 직접 제작함) 등 힘든 일을 담당한다. 남한과 달리 북한은 돈을 주고 사람을 불러서 일을 시키는 경우는 별로 없다. 가령 남한에서는 보일러가 고장나면 A/S를 부르지만, 북한에서는 대개 이웃이나 친척의 도움을 받거나 집안의 남자가 직접 수리를 해야 한다. 여성들의 가사 노동은 매일 반복되는 일상적인 것이지만, 남성은 가끔 하는 일이기 때문에 아무래도 남성의 가사 분담이 남한에 비해 훨씬 적을 것이다.

남한에서는 _____ **남한의 가사 분담**

적정인구를 유지하기 위한 최소 합계출산율은 2.1명이다. 그러나 통계청이 발표한 「2020 인구 총조사」에 따르면, 15~49살 기혼여성이 이미 낳은 자녀 수에 추가 계획하고 있는 자녀 수를 더한 '기대자녀수'가 1.68명으로 나타났다. 또한 15~49살 여성 1명이 평생 낳을 것으로 예상되는 평생 출생아 수를 나타내는 '합계출산율'은 2021년에 0.81명을 기록했다.

특히 20대와 30대의 경우에는 경제적 부담과 육아에 대한 부담 때문에 출산을 하지 않겠다는 비율이 높았다. 따라서 출산율을 높이기 위한 국가적인 정책이 매우 중요할 것이다.

출산을 꺼리는 가장 큰 이유는 무엇보다 교육비 부담이 크고, 일을 하면서 아이를 키우는 보육비 부담이 크기 때문이다. 또한 주택 구입비의 부담과 출산에 따른 경력 단절 역시 출산을 어렵게 하고 있다. 거기에 가족의 규모가 작아지고, 여성의 사회진출이 활발해지면서 정작 아이를 낳아도 기르기가 힘든 것이 현실이다. 맞벌이가 증가하면서 남성의 가사 분담이 점차 늘어나고 있지만, 아직은 여성의 부담이 큰 것이 사실이다. 고용노동부가 발표한 「2020 일 · 가정 양립 실태조사」에 따르면 남자가 많이 담당하는 가사 일은 청소와 분리수거이다. 재미있는 사실은 남성의 가사노동량은 맞벌이 여부와 관계없이 일정하다는 것이다. 여성의 입장에서 가정과 사회 진출의 부담은 자연스럽게 출산율의 감소로 이어지고 있는 것이다.

부부간의 대화가 하루 평균 30분 미만인 가정이 25.2%, 30분에서 1시간 미만인 가정이 31.5%에 달했다. 대화 시간의 부족은 부부간의 유대감을 약화시키고, 이혼 가정이 높아지는 원인이 될 수 있다. 기본적인 사회 단위인 가족의 결속력이 약해지는 것은 여러모로 문제가 아닐 수 없다.

여성의 사회 진출과 가정의 안정이 동시에 이루어지기 위해서는 무엇보다 국가적인 지원과 사회적인 합의가 필요하다. 여성들에 대한 보육 지원, 근무 시간 단축 및 선택, 재택 근무 등의 정책적 지원이 필요하다. 남성들도 가사와 육아 분담에 대한 인식이 개선되어야 하고, 가족 친화적인 문화가 확산되어 가정생활에 보다 신경을 쓸 수 있는 사회 분위기가 정착되어야 한다.

8. 북한의 주거환경

북한에서 가정의 주거는 국가에 의해 공급되는 주택에 의해 보장된다. 자본주의 사회처럼 산 좋고 경치 좋은 곳에 부동산을 구입해 자기가 원하는 주거시설을 짓는 것과는 차이가 있다. 하지만 최근에는 국가의 공급이 아닌 남한처럼 돈을 주고 주택을 매매하는 경우가 많아지고 있다. 주택 공급이 부족하여 집을 받기 위해 걸리는 시간이 너무 길기 때문이다. 1주택에 2가구가 사는 일도 흔하다. 물론 최근에는 보다 좋은 주거 환경을 찾아서 주택을 거래하는 경우도 나타나고 있다. 주택을 배정받기 위해서는 지역 인민위원회에서 발급한 입사증이라는 서류가 필요한데, 주택배정담당자에게 뇌물을 주고 해결하는 방식으로 매매가 이루어진다. 최근에는 주택 건설도 국가가 아니라 특정 기관이나 기업소가 맡아서 하는 경우가 많아지고 있다.

북한 당국은 평양을 '사회주의 조선의 심장'이라고 주민들에게 선전한다. 심장이 멎으면 유기체가 생존하지 못하는 것과 유사하게 평양을 잘 꾸미고 통제해야 국가운영이 원활히 되어갈 수 있다는 인식이 강하다. 북한이 오직 평양을 위한 평양공화국이라는 말이 나올 정도로 평양과 지방 간의 격차가 크다. 평양의 미래 과학자 거리나 여명 거리의 고층 아파트를 보고 북한 전체의 사정을 판단해서는 곤란하다. 타지역 주민이 평양으로 이사하는 것도 극히 드문 일이다. 평양시에는 거주가 엄격히 제한되어 있는데, 평양시 사회안전국의 승인하에 국가 배치 또는 간부 배치를 받아야 거주할 수 있다. 특수한 경우를 제외하고는 평양시에 사는 남성이 혼인한 지방 여성을 데려오는 것도 쉽지 않다.

평양시에 거주하는 주민은 평양 시민증을 받게 되는데, 평양 시민증이 있으면 평양시 주변에도 여행 증명서 없이 다닐 수 있다.

북한은 '전국이 평양을 지원하자'는 슬로건을 강조한다. 이로 인해 지방에서 생산된 우수제품들이 1순위로 평양시민에게 공급된다. 또한, 평양시는 타지역과 달리 시장 가격보다 싼 국정 가격으로 생필품이 공급되므로 주민 생활에 편리한 점이 많다.

북한의 유명한 대학 대부분이 평양시에 있어서 평양의 교육 조건이 타지역에 비해 월등히 좋다. 또한, 북한의 모든 철도는 평양을 중심으로 방사형으로 전개되어 있으며 모든 열차는 평양시에서 출발한다. 따라서 평양시민들은 타지역으로 이동하기 편리하다.

전 인민의 살림집은 국가의 명령과 지시에 의해 건설되기 때문에 집의 규격과 형식이 대부분 비슷하다. 수도 평양은 대외 선전 가치를 극대화시켜야 하므로 평수가 크고 외관이 화려하며 내관의 설계가 다양한 아파트와 건물들이 존재한다. 그렇다고 평양 시민이 대부분 그런 생활을 향유하는 것은 아니다. 평양도 중심구역과 외곽구역으로 나누어져 있고 중앙 당기관과 행정기관 간부들, 거기에 종사하는 근로자들이 사는 지역이 정해져 있다. 대부분의 인민이 사는 주택은 크지 않으며 전기와 수도, 난방과 주변 편의시설에서도 간부들이 사는 지역에 비할 바가 되지 못한다. 함흥과 청진, 신의주와 혜산을 비롯한 도시들은 오랫동안 수도가 공급되지 못해 가족 구성원들이 개별적으로 이웃 동네의 노천 수도에 줄을 서서 물을 받아오는 풍경이 허다하다. 겨울철 난방이 제대로 공급되지 않아, 주방에서 석탄과 나무 등으로 불을 지펴서 음식을 익히고 가정의 난방도 개별시스템으로 전환하는 아파트들이 많다.

아파트들이 많지 않은 북한의 도시들은 '하모니카 주택', '땅집'이라고 하는 단층집들이 많다. 단층집들은 그 구조에 있어 개별적으로 석탄과 나무에 의존해서 생활하도록 만들어져 있다. 우리가 흔히 볼 수 있는 북한의 사진에 등장하는 굴뚝이 빼곡히 들어서 있는 마을의 집들이 바로 단층집이다. 탄광과 광산, 농촌들에서는 지역 자체에서 생산하는 석탄과 나무, 무연탄 등을 주방과 난방재료로 활용하는 단층집이 대부분이다. 그래서 사계절 아침, 저녁으로 매연이 심한데 특히 겨울철에는 더욱 심하다. 지방의 단층집 건설은 그 과정이 '질보다는 양'을 추구하는 쪽으로 진행되는 경향이 있다. 예를 들어, 무산광산 또는 북부지구 탄광 연합 기업소에 제대군인들이 집단 배치되면 탄광이나 광산 자체로 살림집을 건설해야 하는데, 여기에 쓰이는 건설 자재들은 그 지역에서 자체로 생산하여 해결하는 것들이 많다. 석탄재에 흙을 섞어 만든 벽돌 또는 흙에 볏짚 등을 섞어 틀에 찍은 벽돌로 집을 짓기 때문에 겨울철 한기와 습기를 견디지 못하고 몇 년 내에 벽에 금이 가고 무너지는 일이 다반사이다. 하지만 이렇게 지어진 집들의 개별적 보수는 그 집에 살고 있는 사람이 해야 한다.

9. 북한의 자녀 출산

북한에서는 여성들이 혁명의 한쪽 수레바퀴를 담당하고 있다고 선전한다. 수레가 제대로 이동하려면 양쪽 수레바퀴가 다 잘 돌아가야 하는 것과 같이 여성의 역할이 중요하다는 의미이다. 북한의 수레바퀴론에서 알 수 있듯이 북한 사회 운영은 상당 부분 억척스러운 북한 여성들의 희생으로 이루어지고 있고 이로 인해 후유증도 크다. 특히 고난의 행군 이후 사회적 동원에서 상대적으로 자유로운 여성들이 장마당에서 장사를 통해 생계를 책임지면서 북한의 출산율은 갈수록 떨어지고 있다. 유엔인구기금(UNFPA)의 '세계 인구현황 2022' 보고서에 따르면 북한의 합계출산율은 1.9명으로 같은 시기 남한보다 높은 것으로 나타났다. 하지만 2명에 미치지 못한다는 점에서 장기적으로는 북한도 남한과 마찬가지로 저출산 문제에 직면할 것이다.

북한 당국은 자녀 출산을 장려하기 위해 어린이를 많이 낳은 여성들에게 "모성영웅" 칭호를 주는가 하면, 산모들에게는 "22호미"라는 명목하에 흰쌀을 공급한다. 그리고 세쌍둥이를 임신한 여성을 평양산원에 입원시켜 돌보거나 세쌍둥이에게 은장도를 국가에서 선물로 주고 있다. 한 가정에서 5~6명의 아들, 딸을 군대에 보내거나 탄광, 광산, 농장에 부모의 대를 이어 취직시키는 가정에 대한 선전을 뉴스와 신문, 잡지에서 흔히 볼 수 있다.

1990년대 대기근 이후 국가의 배급체제가 무너지고 각자가 자신의 먹을 것을 해결해야 하는 상황이 되면서 자녀를 많이 낳는 것에 대한 인식의 변화가 나타났다. 1990년대 이전까지만 해도 먹을 것은 자신의 능력으로 해결해야 한다는 인식이 약했다. 배급을 못 주는 것과는 상관없이 지금도 북한에서는 '수령과 당의 배려'로 인민이 살아가고 있다고 선전하고 있다. 하지만 1990년대 이후 떳떳하지 않은 상행위를 통해 가정을 꾸려야 하는 사람들의 입장에서는 가족 구성원이 많은 것은 경제적으로 부담이 될 수밖에 없었다. 이로 인해 출산을 기피하는 현상이 꾸준히 발생하고 있으며, 심지어 '아들, 딸 구별 말고 하나만 낳자'는 풍조가 청진과 신의주, 혜산과 함흥, 회령과 나선지구 등에서 유행하고 있다.

그렇다면 북한의 자녀 출산은 어떤 단계를 거쳐 이루어지는가? 남한에서는 여성이 임신하게 되면 병원을 통해 1~2주마다 정기 검사와 검진을 받고 몇 개월이 지나면 태아의 성별까지 확인할 수 있다. 하지만 북한에서는 임신부가 정기적인 검사와 검진을 받을 수 있는 여건이 구비되어 있지 못하다. 1980년대 초반까지만 하더라도 동독과 체코슬로바키아, 구소련에서 들여온 의학 장비들과 기구들에 의한 검사와 검진이 대학병원과 도급병원, 일부 대형기업소를 중심으로 한 병원들에서 진행되었다. 하지만 동유럽 사회주의권이 붕괴되면서 병원 장비들에 대한 부품 공급과 개보수가 중단되었다.

북한은 '평양산원'과 '김만유 병원' 등 일류 의료시설들을 자랑하고 있지만, 그 병원만으로 전국 임신부의 건강검진을 해결할 수 없다. 함흥의학대학병원과 청진의학대학병원을 비롯한 비교적 큰 대형병원들은 시설 부족과 의약품 부족으로 환자를 받지 못하고 있는 형편이다. 지방의 군 단위 병원들과 대형 기업소 내의 병원들도 같은 현상을 겪고 있다. 1990년대 이후에는 개인이 대부분의 의약품을 시장에서 구입한 후 병원에 가져가야 치료를 받을 수 있다.

그리하여 북한의 많은 여성들이 친정 또는 시부모의 도움을 받아 출산을 하고 있으며, 이 과정에서 소독과 감염 관리, 체계적 검사와 검진의 혜택을 받지 못하고 있다. 더욱이 북한에는 사회 전반에 병원을 신뢰하지 못하는 풍조와 함께 자녀의 출산을 자기 부모에게 의지해야 자녀의 앞날이 보다 풍족할 것이라는 미신들과 토착 신앙 비슷한 것이 사람들 속에서 지배적이다.

북한 당국이 종종 TV에 지방의 세쌍둥이, 네쌍둥이가 평양산원에서 태어났다는 것을 뉴스와 기록영화(다큐멘터리) 등을 통해 내보내고 있지만, 그것은 어디까지나 특이한 출생 환경을 가졌거나 평양과 지방 권력층의 자녀들에 국한된 것이다. 평양에 거주한다고 해서 출산 시에 평양산원의 혜택을 누리는 것이 아니다. 돈이나 배경이 있어야 입원할 수 있다. 대부분의 임산부들은 지금까지도 가정에서 출산한다.

북한 당국은 고난의 행군이 끝난 1998년 9월, 37년 만에 제2차 어머니 대회를 개최하고 다산모들을 언론과 방송에 '모성영웅'이라고 적극적으로 소개하는 등 출산 장려 정책을 실시하고 있다.

김정은 집권 이후 북한에서는 '어머니 날'이 제정되었고 어머니날과 관련된 프로그램들이 잇달아 방영되고 있다. 어머니날에는 각 가정과 직장에서 자식들이나 가까운 사람들이 어머니들에게 축하카드를 보낸다.

남한에서는 ———   **남한의 저출산·고령화 문제**

사실 저출산·고령화 문제의 원인은 1인 가구 증가와 결혼이 늦어지면서 발생하는 자연스러운 출산율 감소, 의학의 발달로 인한 사망률 감소, 경제적인 이유와 육아의 어려움으로 인한 출산율 감소 등 다양하다. 저출산·고령화로 인한 가장 큰 문제는 국가의 성장 잠재력이 감소한다는 것이다. 저출산·고령화로 인해 앞으로 젊은 세대의 세금 부담이 증가할 것이고, 노년층의 연금은 감소할 것이다. 통계청이 발표한 2021년 합계출산율은 0.81명에 불과하다. 여성의 사회진출이 활발한 선진국일수록 출산율이 낮아지는 경향은 있지만, 남한의 출산율은 OECD에서도 유일하게 1명이 되지 않는다. 보통 65세 인구 비율이 7%에 이르면 고령사회, 20%가 넘어서면 초고령 사회라고 하는데, 2021년을 기준으로 이미 남한의 고령화 비율은 16.5%에 달하였으며, 특히 전라남도 지역은 23.8%에 달한다. 이 추세대로 진행된다면 약 2025년에 고령화 비율이 20.3%가 되어 초

고령 사회에 진입하게 될 것이다. 행정안전부 발표에 따르면 2021년 6월 말 기준 남한의 평균 연령은 43.4세이다.

이 상태가 지속된다면 언젠가는 청년층의 인구보다 노년층의 인구가 많아지게 될 것이고, 청년층의 세금 부담이 매우 높아지게 될 것이다. 노년층은 소득이 줄 어드는 반면 건강 유지를 위한 비용이 많이 들게 되는데 그 결과로 노년 인구의 빈곤 문제가 심각한 사회 문제로 대두되고 있다. 사회 전체적으로 소비가 줄어들 어 경제는 장기적인 침체에 빠지게 될 것이며, 월드컵이나 올림픽에서도 출전 선수의 연령이 높아져 좋은 성적을 기대하기 힘들어질 것이다.

이러한 문제를 해결하기 위해서는 보다 적극적인 출산 장려 정책이 필요하다. 무엇보다 교육 문제, 주거 문제 등을 해결하여 사람들이 안정적으로, 안전하게 아이를 낳고 기를 수 있게 해 주어야 한다.

참고: 통계청 홈페이지

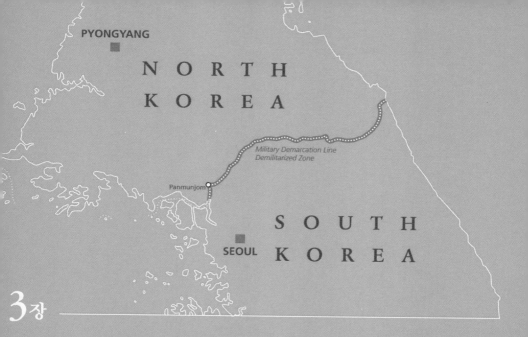

3장

대중문화와 예술 이야기

1. 텔레비전

북한에는 텔레비전 채널이 많지 않다. 전국적으로 시청 가능한 조선중앙텔레비전, 평양에서만 수신되는 만수대 텔레비전, 교육문화 텔레비전, 스포츠 텔레비전 등이 있을 뿐이다. 그중에서 주말 저녁마다 외국영화가 방송되는 만수대 텔레비전의 인기가 가장 높다. 원래 이 채널은 평양에 거주하는 외국인을 대상으로 하고 있으며, 이미 1980년대 중반 미국의 만화 영화인 <톰과 제리>가 <우둔한 고양이와 꾀 많은 생쥐>라는 제목으로 방영된 바가 있다. 스포츠 텔레비전에서는 북한이 우수한 성적을 거둔 경기를 중계해 주는데, 생중계가 아닌 녹화방송이 대부분이다. 간혹 잉글랜드 프리미어 리그 경기가 녹화로 중계되기도 한다. 남한 선수의 경기는 중계되지 않지만, 북한에서도 손흥민 선수의 인기는 꽤 높은 것으로 알려져 있다.

방송 제작도 다른 분야와 마찬가지로 조선로동당 선전선동부가 개입하여 통제하며, 사상 교양과 당 정책이 직접적으로 선전되기도 한다. 텔레비전 보급률이 과거보다 높아지고 DVD 보급도 증가하면서 북한 주민들이 외부의 문화를 접할 수 있는 환경이 이전보다 많아졌다. 1990년대 중반까지만 해도 TV가 없는 가정이 많았기 때문에 주민들은 마을 회관 격인 '마을 선전실'에 모여서 TV를 보기도 했다.

2. 외부에 알려진 적 없는 북한 매스미디어 - 제3방송

북한의 방송 분야에서 가장 특이하면서 잘 알려지지 않은 것이 제3방송이다. 제3방송은 중앙당 선전선동부가 내려보내는 음성만 나오는 유선 방송이다. 전국의 모든 가정에는 이 방송을 청취하기 위한 스피커가 설치되어 있다. 이 스피커는 볼륨 조절만 가능할 뿐 제3방송을 제외한 다른 방송을 들을 수 없다. 체신소(우체국) 직원이 방송선 관리를 담당하는데, 북한 당국은 제3방송을 유지하는 데 많은 투자를 하고 있다.

거의 반강제적으로 청취를 강요당하는 셈이지만 모든 가정에 텔레비전이 있는 것이 아니고, 별다른 유흥 수단이 없는 상황에서 북한 주민들은 자연스럽게 제3방송에 귀를 기울이게 된다. 대개 아침 오전 6시부터 7시, 점심시간인 12시부터 13시, 저녁 19시에서 20시로 하루 3회 방송한다.

북한 당국은 각종 뉴스와 정책을 전달하는 것 이 외에도 '등화관제(공습경보) 훈련'이나 주민 통제에 적극 활용한다. 새해 아침에는 육성으로 수령의 신년사가 방송되기도 한다. 수령과 당에 대한 충실성 교양, 비사회주의적 행동 고발, 남조선 소식 등을 주민들에게 직접 전달한다. 그 밖에도 특정 요일에는 만담 형식을 띤 풍자 프로그램이 방송되기도 한다. 예를 들어, '천복이와 만길이'라는 코너가 오랫동안 인기를 끌었는데, 이 프로그램은 두 남자가 등장하여 서로 이야기를 주고 받는 형식으로 진행되었다. 주로 '왜 기업소 수돗가에서 개인적인 빨래를 했나', '왜 아직 쓸만한 나무 조각을 버리는가' 등 일상적인 소재를 풍자하여 주민들을 교양한다.

3. 신문

북한의 신문은 모두 국가 기관에서 발행하는 기관지이며, 조선로동당 내의 선전선동부의 감독하에 발간된다. '로동신문'은 조선로동당의 기관지이고, '민주조선'은 내각 기관지이며, '청년전위'는 사회주의 애국청년동맹의 기관지이다. 이 밖에도 평양신문, 함북일보, 개성신문 등 지방 신문이 있다. 그리고 철도신문, 교육신문, 건설신문처럼 특정 분야에서 발간하는 신문도 있다. 신문의 종류가 많긴 하지만, 로동신문, 민주조선, 청년전위, 평양신문을 제외한 나머지 신문들은 발행부수가 작고 지면도 많지 않으며, 매일 발간되는 일간지도 아니다. 가장 많이 발행되는 로동신문도 지면이 6면밖에 되지 않는다.

로동신문, 평양신문, 민주조선, 청년전위, 교원신문, 조선인민군 등은 우편 열차를 통해 전국으로 보급된다. 특히 로동신문은 공공 기관과 기업소마다 보급되고, 공공장소에서 볼 수 있도록 열람대에 비치된다. 외부의 정보를 접하기 어렵고 개인이 신문을 구매할 수 없는 환경이어서 열람대에 비치된 신문은 인기가 높다. 일반 주민의 입장에서는 무의식적으로 로동신문을 읽기 때문에 그 내용에 대한 의문은 별로 갖지 않는다.

물자가 부족한 북한 가정에서 신문지는 다양한 용도로 사용되는데, 신문지에 담뱃잎을 말아 피우기도 한다. 하지만 김씨 일가의 사진이 크게 실리는 경우 이 신문 종이를 다른 용도로 사용하지 않는다.

열람대에서 신문을 읽는 북한 주민들

4. 북한의 대중문화와 예술의 목적

북한에서 대중문화와 예술을 장려하는 목적은 북한 체제의 지배를 정당화하는 데 있다. 북한에서 예술은 "근로대중을 정치사상적으로 교화하는 수단이자 온 사회를 혁명화, 노동계급화하는 수단"이다. 즉, 대중을 동원하기 위한 것이기 때문에 모든 과정과 결과가 국가에 의해 통제되고, 예술가의 자율적 표현은 허용되지 않는다. 특히 김정일 집권 이후 주체적인 문예관이 강조되면서 수령의 형상을 창조하고, 김일성의 항일 무장 투쟁에 초점을 둔 문화예술 작품이 많이 제작되었다. 북한 예술의 창작과정의 특징에 대해서 알아보자.

첫 번째로, 북한의 예술은 반드시 수령과 당에 대한 충실성을 바탕으로 창작되어야 한다. 이 외의 내용을 담는 것은 체제에 대한 반항으로 받아들여진다. 두 번째로, 북한의 예술은 속도전과 종자론을 강조한다. 종자론이란 모든 작품이 당과 수령에 대한 충성이라는 사상적인 주제를 담고 있어야 한다는 것이다. 김정일에 의하면 종자란 "작가가 말하려는 기본문제, 형상의 요소가 뿌리내릴 수 있는 바탕이 있는 생활의 사상적 알맹이"로 정의된다. 즉, 작품의 소재, 주제가 하나의 사상적 토대를 가지고 실제 생활과 관련된 것이어야 한다는 것이다. 결국 그 종자란 수령의 교시와 당 정책으로 귀결되기 때문에 북한의 예술은 북한 주민들이 수령과 당에 충성하게 만드는 수단이 되고 있다.

한걸음 더 ———   **수령의 형상 창조**

김정일에 의해 시작된 북한 대중문화예술에서의 '수령의 형상 창조'는 반세기 이상 동안 북한 전체를 움직이는 강력한 선전·선동 원칙이 되고 있다. '수령의 형상 창조'는 김일성을 유일무이한 존재로 만드는 것이다. 이를 통해 북한 주민들로 하여금 김일성이 조선민족을 세상에서 제일가는 민족으로 만들었다고 믿도록 한다. '수령의 형상 창조'의 주된 내용은 김일성이 일찍이 나라를 찾기 위해 활동한 10대 청소년시절, 20대의 조국광복투쟁, 30대의 건국과 조국해방전쟁, 40~50대의 종파투쟁과 사회주의 조국건설, 60~70대의 국가사회건설과 제3세계 국가 영도 등이다. 그중에서도 일제에게 빼앗긴 나라를 찾기 위한 항일혁명 투쟁시기의 수령의 형상 창조는 1960년대 후반부터 영화, 소설, 대중음악, 미술, 연극 등 대중문화 전반에서 끊임없이 강조되고 있다.
북한에서는 수령의 형상 창조를 위해 '백두산 창작단', '만수대 창작사' 등 예술문화 전문기관을 운영하고 있다.

북한의 대중문화와 예술은 개인의 삶을 원천으로 하지 않는다. 설사 개인을 주제로 다룬다고 하더라도 북한 체제의 지배 가치의 정당화와 철저한 대중 동원의 수단으로 사용된다. 북한이 말하는 '대중문화'에서는 개인이 아닌 인민 대중이 그 중심이 된다. 여기서 인민 대중이란 철저히 수령의 영도와 지도를 받는 조선로동당의 지배 아래 있는 인민들을 의미한다. 영화, 음악, 소설, 시, 미술 작품 등이 모두 이런 취지에서 만들어진다.

특징적인 것은 '대중'을 위하여 존재한다고 하는 북한의 대중문화 예술 역시 '대중의 여론'이 수용되지 않는다. 대중 여론에 대한 수용은 조선로동당 선전선동부만이 할 수 있으며, 문화예술 작품에 대한 개인의 평가나 비판은 일절 허용되지 않는다. 북한의 문화예술은 수직적 구조를 가지며, 수평적인 아이디어와 창작은 허용되지 않는다.

인민대중의 일상을 그린 문화예술 작품도 '고상한 웃음과 교훈'이 주제가 되어야 한다. 여기서 '고상한 웃음과 교훈'은 개인이 삶 속에서 사회주의 생활양식을 구현하는 중에 생긴 에피소드들에서 나온다. 주된 소재는 전기 절약, 교통질서 위반, 수돗물 절약, 나태함 등에 관한 것이다. '고상한 웃음'의 추구란 웃고 나서 교훈이 가슴에 남는 웃음을 주어야 한다는 것이다. 그러다 보니 말장난이나 분장을 이용한 개그 프로그램을 찾아보기 어렵다.

좁은 의미의 문화는 세련된 것, 우아한 것, 편리한 것을 의미하며, 넓은 의미의 문화는 인간이 경험을 통해서 습득한 모든 생활양식을 뜻한다. 여기에는 음악, 댄스, 건축, 예술, 문학, 전통, 신앙 등이 모두 포함된다. 예술은 아름다움이나 미적 가치를 구현하는 인간의 모든 창조적 활동을 뜻하며, 예술의 바탕이 되는 아름다움이란 인간의 시각, 청각을 매개로 얻어지는 기쁨과 쾌락의 근원적 체험을 말한다.

남한의 문화와 예술은 각 개인의 자유로운 창조와 선택에 기초한다. 헌법 제11조에 의하면 모든 국민은 법 앞에 평등하며, 누구든지 성별 · 종교 또는 사회적 신분에 의하여 정치적 · 경제적 · 사회적 · 문화적 생활의 모든 영역에 있어서 차별을 받지 아니한다. 그리고 모든 국민은 학문과 예술의 자유를 가지며, 저작자 · 발명가 · 과학기술자와 예술가의 권리는 법률로써 보호된다.

5. 북한의 문화예술

북한에서 문화예술은 당의 정책을 소개하는 중요한 선전 · 선동의 수단이다. 따라서 모든 군 행정지역마다 극장이 한 개씩 있다. 극장에서는 영화 외에도 주로 명절에 공연이 개최되기도 하는데 수령의 위대성과 항일전통교양, 사회주의 건설 독려, 당과 수령에게 충성하자는 것이 중심주제이다.

북한의 영화는 모두 수령의 위대성을 강조하고, 주민을 선전 · 선동하는 내용을 담고 있다. 사회주의적 사실주의에 기반하여 모든 소재가 실제 생활에 토대를 두고 있으며, 인위적인 특수 효과 등이 거의 사용되지 않는다. 따라서 스릴러나 SF 장르 영화는 거의 존재하지 않으며, 역사극이나 드라마 장르가 주를 이룬다. 남녀

로맨스가 등장하기는 하지만, 당과 수령에 대한 충성과 희생으로 연결되는 내용이 담겨 있다. 남한의 시각에서 본다면 북한 영화는 다소 촌스럽고 낯설게 보이는 것이 사실이다. 반대로 북한의 시각에서 남한의 작품을 평가한다면 내용이 가볍고 감동이 없다.

북한 영화는 '전형화의 원칙'을 강조한다. 즉 대중이 배우고 따라해야 할 롤모델을 당국이 제시한다. 북한의 문화예술 발전은 김정일 개인의 의도대로 전개된 측면이 강하다. 1960년대 후반 이후 김정일에 의해 문화예술 정책이 완전히 변경되었다. 1970년대에 혁명가극, 영화 등을 통해 김일성의 우상화가 시작되었고, 1980년대 이후 이러한 경향은 더욱 강화되었다. 조선예술 영화촬영소, 2.8영화촬영소 등의 영화사가 대부분 이러한 영화를 제작하고 있다. 그리고 피바다 가극단과 만수대 예술단, 모란봉악단, 조선인민군 협주단, 조선인민군 합창단, 평양시 예술단 등의 중앙 예술단체들도 수령 우상화에 전념하고 있다. 이 외에도 만수대 창작사, 4.15창작단, 백두산 창작단 등의 중앙기관소속 창작사들이 김일성 일가의 우상화를 위한 작품창작을 하고 있다. 이 밖에도 각 도마다 예술단과 선전대가 운영되는데 이들 모두 수령 우상화와 체제 선전에 동원되고 있다.

북한에서 전문적으로 음악을 하는 사람들 중에는 엘리트 교육을 받은 고위층이 많다. 2018년 북한에서 현송월과 함께 평양 공연을 감독했던 남한의 대중음악가 윤상은 북한 음악인들이 서구 음악에 조예가 깊고 악기 연주와 노래 모두 수준급이라는 평가를 내린 바 있다. 무용과 경음악을 중심으로 현장 공연을 하는 '왕재산 예술단', 가수를 중심으로 방송을 주로 하는 '보천보 전자악단'

이 유명하다. 여기에 클래식과 전자음악을 결합한 '은하수 관현악단'이나 현송월이 단장으로 있는 '모란봉 전자악단' 등도 널리 알려져 있다. 이러한 음악단들은 과거와 달리 서구의 유행에 따라 세련되게 외모를 꾸미고 현란한 무대 매너를 보여주고 있다.

수령의 형상 창조를 위해 북한의 모든 예술 분야는 전문화되어 있다. 백두산 창작단은 시, 노래, 영화, 가극, 소설 작품 등을 만들며, 만수대 창작사는 주로 조각과 미술을 담당하고 있다. 만수대 창작사에서 만든 김씨 일가의 조각상을 지방으로 옮길 때 특별히 편성된 열차가 이용된다. 이 특별 편성 기차에는 창작사 지도원과 철도부(철도성) 선전담당 일군이 탑승하며 일반인의 탑승은 금지된다.

인민대중의 삶과 관련된 작품들도 '수령'과 '사회주의'라는 틀 내에서 해석되며, 일제 강점기의 나라 잃은 백성, 올바른 지도자에 대한 그리움 등으로 연결된다. 민족 전통과 민속을 강조하는 예술작품의 경우 '봉건적이고 자본주의적인 것'에서 벗어나야 하며, '민족 주체적인 것'이어야 한다.

과거 신상옥 감독이 북한에서 활동할 때 만든 '신필름'이라는 영화제작사에서 나온 영화들이 그나마 보편적인 감정을 잘 드러낸 것으로 평가받는다. 신필름의 대표작으로는 춘향전을 소재로 한 <사랑 사랑 내 사랑>, 헤이그 밀사로 파견된 이준 열사의 이야기를 담은 <돌아오지 않는 밀사>, 쇠를 먹는 괴물의 이야기인 <불가사리> 등이 있다.

6. 혁명 가극

북한에는 '가극'이라는 예술 장르가 있는데, 남한식으로 보면 뮤지컬에 해당한다. 1960년대에 김정일은 <피바다>, <꽃파는 처녀>와 같은 가극의 제작에 직접 참여했다. 이후 사상성을 고취하기 위한 가극들을 '혁명 가극'이라고 부르기 시작했다. <꽃 파는 처녀>나 <피바다> 같은 작품은 무대의 너비가 60m가 넘고, 무대 전체가 회전하거나 5~6조각으로 나누어지는 등 큰 스케일을 자랑한다. <꽃 파는 처녀>에서 사용되는 곡이 70여 곡 정도인데, 김정일은 한 곡을 선정하기 위해 수십 곡을 작곡하게 했다. 유명한 혁명 가극은 워낙 자주 공연되고, 텔레비전에서 자주 방영되기 때문에 모든 북한 사람이 알고 있다.

혁명 가극인 <한 자위단원의 운명>, <피바다>, <꽃파는 처녀> 모두 일제 강점기를 배경으로 한다. 일제 강점기를 배경으로 한 혁명가극이 많은 이유는 김일성의 항일혁명을 선전하기 위해서이다. 항일혁명의 승리와 지도적 위치에 김일성을 내세움으로써 김일성 중심의 북한 체제의 정당성을 강조하고자 한다. 혁명 가극 <피바다>는 산골 마을에서 평화롭게 사는 가정의 아버지가 조선 청년들을 대상으로 독서모임을 운영했다는 이유로 총살당하면서 그 부인과 아들이 일제에 대항하는 혁명가로 성장한다는 내용을 담고 있다. <꽃파는 처녀>는 주인공인 꽃분이가 지주의 집에서 식모살이를 하는 어머니와 눈먼 동생의 약값을 벌기 위해 꽃을 팔다가 빨치산에 들어간 오빠를 만나 혁명의 영향을 받는다. 결국 오빠의 부탁으로 꽃 속에 혁명 사상을 알리는 전

단지를 넣어 돌리면서 혁명가로 성장하는 내용이다.

한걸음 더 ───── **영화 <한 자위단원의 운명>과 "속도전"**

<한 자위단원의 운명>은 <피바다>, <꽃파는 처녀>와 더불어 3대 혁명 가극으로 손꼽히는 작품이다. 이 작품은 농촌 청년들이 일제의 식민 통치하에서 억압과 착취를 당하고, '자위단'에 끌려가 가혹한 학대를 받지만, 성장하는 과정을 보여주고 있다. 특히 주인공 '갑룡이'가 쓰라린 경험과 어려움을 겪은 후 마침내 계급적으로, 민족적으로 각성되어 일제를 반대하는 항일 유격대 길로 들어서는 과정이 그려져 있다.

"속도전"은 <한 자위단원의 운명>이라는 영화창작에서 시작되어 정치, 경제, 사회 각 분야에 널리 확산된 용어이다. 작업의 질과 양을 최대한 빠르게 달성하자는 의미를 가진 이 "속도전"이라는 작업구호는 <한 자위단원의 운명>이라는 영화가 단 40일 만에 제작되면서 만들어진 용어이다. 속도전이라는 개념은 사상성이 높으면 생산 효율이 올라가고 자연스레 생산 속도가 빨라져서 원래 목표했던 것보다 훨씬 빠르고 많이 생산할 수 있으며, 생산품의 질도 자연스럽게 향상될 수 있다는 논리이다.

7. 일반 주민들의 예술 생활

"온 나라의 예술화"는 '전 인민대중을 문화예술의 창조자'로 만들기 위한 사회주의적 발상에서 나온 것이다. 일찍이 소련의 스탈린은 예술인들이 '사회주의적 사실주의'에 기초하여 사회주의에 충성하여야 한다고 했다. 사회주의적 사실주의에서는 모든 것을 부르주아적 허구가 아닌 사실에 기초하여 사회주의적 형상을 창조해야 한다고 강조한다. 즉, 대중에게도 문화예술의 창조를 허락하지만, 사회주의적 사실만을 다루어야 한다.

"온 나라의 예술화" 정책에 따라 각 학교는 '1인 1악기 교육'을 하고 있으며, 일반 대중이 춤추고 노래하는 문화가 보편화되어 있다. 실제로 모든 사람이 한 가지 이상의 악기를 다룰 수 있는 것은 아니지만, 군대, 기업소 등 각종 사회 단위마다 선전대가 있으며, 일상적으로 활발한 활동을 벌인다. 모내기 전투나 탄광 노동자 교대 시간에 한쪽에서 환영과 응원의 깃발을 흔들며 노래를 부르는 선전대의 광경이 종종 펼쳐진다. 모든 가정에는 행사 때 사용하는 조화와 깃발이 있으며, 주민들은 각종 행사에 동원되는 것에 익숙해져 있다.

일반 대중들 사이에 흥겹게 노래 부르고 춤추는 문화가 자연스럽게 퍼져있기 때문에 굳이 동원하지 않더라도 공원이나 공공 장소에서 노래와 춤판이 벌어지는 모습을 쉽게 찾아볼 수 있다. 전기 사정이 좋지 않아 기차가 장시간 멈춰서는 일이 많은데, 그러면 누가 먼저라고 할 것 없이 사람들끼리 모여 앉아서 노래를 부른다.

한걸음 더 ——   **지상 낙원을 사는 북한 주민?**

TV에서 북한 사람들이 공원 등 공공장소에 모여서 춤추고 노래하는 장면을 자주 볼 수 있다. 실제로 북한 출신의 사람들을 만나보면 쾌활하고 개방적인 성격을 가진 사람들이 많다. 정기적인 생활총화 등 공적 생활에서 억압받고 있으면서도 개인의 성격이 개방적이고 밝은 측면을 남한 주민들이 이해하기 어려울 것이다. 이러한 북한 사람들의 성향을 거짓으로 꾸며내거나 과장하는 것이라고 생각하기 쉽다.

북한 주민들의 이러한 특성은 다음의 두 가지로 해석할 수 있다. 첫째, 국가, 조직의 통제 속에 살아야 하는 사람들이 '조직 생활'의 스트레스를 노래와 춤으로 해결하려고 하는 경향이 강하기 때문이다. 휴일을 이용해 산이나 강으로 바다로 나가 잠시나마 먹고 마시고 춤추는 것을 통해 압제의 그늘을 피해 보려고 하는 심리가 작동한다. 사회주의 국가이며 집단주의 사회라고는 하지만 사람들의 자유를 향한 '일탈'은 북한 사람들의 일상에서 자주 발견된다. 둘째, 교육과 조직 생활을 통해 집단의식이 형성되기 때문이다.

우리 민족 자체가 원래 노래와 춤을 즐겼다는 기록이 있듯이 흥과 신바람은 우리 민족의 고유한 문화라는 설명도 있다. 하지만 이것만 가지고는 북한 주민의 쾌활한 성격을 설명할 수 없다. 어릴 때부터 집단 활동으로 맺어지는 인간관계에 익숙하고 별다른 유흥 수단이 없는 환경 속에서 자연스럽게 갖게 되는 성향으로 보는 것이 더 적절할 것이다.

이러한 모습을 보고 북한 사회가 '개방되고 있다는 증거'로 판단하는 사람도 있고, 북한이라는 국가는 사람들이 행복을 연기하는 거대한 연극 무대 같다는 의미에서 '극장 국가'라고 이름 붙이는 사람도 있다.

사회주의 국가는 선전·선동을 통해 사람들의 감정을 자극하고 자연스럽게 체제의 정당성을 주입시킨다. 배급이 정상적으로 이루어진다고 해도 시장 경제 체제만큼 개인의 욕구가 쉽게 충족되지는 않는다. 이로 인해 자급자족을 통해 필요를 해소하거나, 집단 내 인간관계 속에서 서로 부족한 부분을 채우는 성향이 자연스럽게 길러질 수밖에 없다. 북한에서 인간 관계 자체가 개인 간의 대면 관계에 기초를 두게 되는데, 북한 사람들의 쾌활한 습성은 이러한 유기적이고 자연스러운 사회적 관계 속에서 길러진다고 볼 수 있다.

그리고 북한 당국도 이러한 주민들의 특성을 자발적인 주민 동원에 활용할 수 있고, 국가가 해결해주지 못하는 부분을 주민들 스스로 해결하게 함으로써 체제 유지에 대한 부담을 더는 효과를 보게 된다. 주민들 입장에서 볼 때도 흥겨운 노래와 춤은 억압에 대한 스트레스를 해소하는 데에 중요한 역할을 한다.

그 밖에도 일반인 중에서 예술가를 선발하는 "문학예술 통신원" 제도가 운영되고 있다. "천리마", "근로자" 등의 잡지에서는 일반인들이 작품을 응모하여 등단할 수 있는 기회를 주고 있다. 이 제도를 통해서 참신한 시, 소설, 단막극, 수필 등이 다수 발표되었는데, "어머니 당에 드리는 노래", "보천보의 아침" 등이 대표적이다. 작가로 등단하게 되면 일종의 신분 상승이 일어나는 셈이기 때문에 일반 주민들도 자연스럽게 수령의 형상 창조를 위한 작품에 관심을 가지게 된다.

남한에서는 연예인이 되려면 오디션에 선발되어야 하고, 고된 연습 기간을 거쳐야 한다. 북한에서도 전문적인 예술단에 들어가는 일은 쉽지 않다. 지역 단위별로 예술단이 있고 학교나 기업소마다 선전대가 있다. 그리고 각 지역마다 예술가를 양성하는 예술전문대학이 있다. 이렇게 볼 때 북한에는 예술분야에 종사하고자 하는 사람들이 꽤 많은 셈이다. 이 중에 특별히 재능있는 사람은 '보천보 전자악단'이나 '왕재산 음악단'에 선발되어 가는데, 이 경우 신분과 토대가 중요한 영향을 미친다. '보천보 전자악단'이나 '왕재산 음악단'에 들어가는 사람들은 어렸을 때부터 재능을 인정받아서 소년궁전이나 금성 제1고등중학교 등의 전문 기관에서 특별한 교육을 받는다.

예술인으로 생활하는 과정에서 국가가 인정하는 공훈 예술가, 인민 예술가가 되면 물질적으로도 풍족한 삶을 살 수 있다.

북한의 '음악 정치'가 가지는 특징은 음악에 의한 선전·선동이 생활과 밀접하게 연관되어 있다는 것이다. 회의나 생활총화를 시작하기 전에 혁명 가요를 몇곡 부르며, 아이들이 함께 모여서 등교하거나 하교할 때도 노래를 부른다. 공장이나 기업소마다 예술 소조 활동을 하기 때문에 일부러 노래를 배우지 않아도 많은 혁명 가요와 수령에 대한 찬양곡을 익히게 된다. 그래서인지 북한 사람들은 노래를 좋아하고, 노래와 음악을 통한 선전·선동을 당연하게 받아들인다. 노래를 생활 속에서 부르는 동안 자연스럽게 수령에 대한 충성심이 잠재 의식 속에 심어지고, 이것이 곧 사상성을 높이게 되는 결과를 낳는다.

외부의 시각에서 본다면 "정말 신이 나서 춤을 추는 것일까?", "김일성 찬양가를 부르면서 흘리는 눈물은 진심일까?" 하는 의문이 든다. 하지만 어려서부터 교육을 받아서인지 다 같이 노래를 부르다 보면 저절로 그 감정 속에 빠져든다. 실제로 북한의 소설은 사상적인 부분을 제외하고 문장의 표현만 놓고 본다면 꽤 서정적이고 낭만적인 묘사들이 많다.

8. 북한의 한류

북한에서 한류는 비공식적인 경로를 통해 전해지고 있는 남한의 문화로 정의할 수 있다. 남한의 영화, 음악, 드라마 등의 대중문화와 예술이 북한에 전해지면서 남한의 패션, 가전제품, 말투 등 전반적인 생활 문화가 북한에 유입되고 있다. 그리고 실제로 이것이 북한 주민들의 생활에 영향을 끼치면서 이제는 통제하기 힘들 정도로 뿌리를 내렸다.

북한 내 한류의 기원에 대해 일부 남한의 학자들은 중국의 동북 3성 지방에 확산된 한류가 북한에 전해진 것이라고 주장한다.

하지만 한류의 기원은 1960년대부터 전방에 근무하던 군인들이 대북방송용 남한 노래를 고향으로 돌아가 전파하면서 시작된 것이라고 보는 것이 맞을 것 같다. 북한은 남한에서 창작된 곡에 북한 체제를 미화하는 가사를 넣어 휴전선에서 방송하곤 했다. 북쪽 지방에 고향을 둔 인민군 병사들이 제대한 후 고향으로 돌아가서 가족, 친구들에게 은밀하게 군 복무 당시 들었던 대남방송 음악을 전파하면서, 남한 노래들이 주민들 속으로 퍼져 나간 것이다.

전파되는 과정 초기에 이 노래들은 남한 노래가 아니라 연변 노래, 재일 교포들의 노래 등으로 알려졌다. 그 이유는 연변 조선족의 노래, 재일 교포들의 노래는 당국의 처벌에서 제외되거나 약화되는 경우가 많았기 때문이다. 이후 단속이 강화되면서부터 처벌을 피하기 위해 가사를 조금씩 바꿔 부르게 되었다. 한류 전파 초기 최진희의 "사랑의 미로", 김민기의 "아침이슬", 노사연의 "만남" 등은 북한에서도 꽤 유명한 남한의 대중가요였고 북한 한류의 초석을 놓았다.

중국의 개혁 개방 이후 연변지역을 비롯하여 중국에서 들어오는 라디오가 북한에 보급되면서 남한 방송 청취가 본격화되기 시작했다. 1989년 임수경의 평양 방문이나 남한의 민주화 운동이 북한에서도 텔레비전으로 보도되었는데, 이것 역시 한류 전파의 중요 수단이었다. 당시 북한 주민들은 북한 중앙 텔레비전 방송에서 나오는 남한 대학생들의 옷차림이나 거리 풍경을 보고 적잖은 충격을 받았다.

1990년대 고난의 행군 시기에 본격적으로 중국에서 남한의 문화가 들어오게 됐는데, 당시 경제난으로 인해 북한 당국의 단속이 다소 느슨해져 있었다. 이 시기만 해도 남한의 말투를 알아듣기 어려워하는 사람들이 많아서 남한의 방송에 연변 말투의 자막이 입혀지는 경우도 있었다. 이제는 단속이 어려운 DVD, USB, SD카드 등을 이용해 남한의 드라마나 예능 프로그램이 북한에 널리 퍼지고 있다.

하지만 남한의 문화는 여전히 북한 사회에서 처벌 대상이다. 남한 노래를 부르다 적발되면 대부분 남한 노래인지 몰랐다고 발뺌하지만, 보안원(남한의 경찰에 해당)들은 그 자리에 세워놓고 당구호나, 북한 혁명 가요를 10번 이상 부르게 한다. 조직적으로 사상투쟁 무대에 세워 비판사업을 진행하며, 위법의 정도에 따라 교화소(남한의 교도소에 해당)나 정치범관리소 등에서 처벌받기도 한다. 북한의 모든 문화는 수령에 대한 찬양과 혁명성 강조, 사상 강조로 되어 있어서 사랑이나 이별 등에 관한 이야기는 찾아보기 힘들고, 있다고 해도 별 재미가 없다. 따라서 사람이라면 누구나 가지고 있는 보편적인 사랑의 감정을 배출하기 위한 출구가 필요하다. 각종 단속과 감시가 아무리 심해도 북한 사회에서 이것을 완전히 차단할 수 없다. 더구나 남북한 사람들은 서로 정서가 비슷해서 남한의 문화가 북한 주민들 사이에 쉽게 유행하는 것이다.

한걸음 더 ──── **북한에 부는 변화의 바람 - 황색 바람**

북한에서 '황색 바람'이란 저속하고 퇴폐적인 자본주의 문화가 유입되는 것을 말한다. 1990년대 경제난 이후 본격적으로 시장이 확대되면서 중국을 통해 자본주의 문화가 유입되었다. 예를 들면, 외국식 옷차림이나 머리 모양, 미신(종교)을 믿는 행위, 남한 영상물 시청 등이 여기에 속한다.

북한 사회에서는 이러한 행동이 북한의 전통 문화를 해치고, 수령 중심의 체제 유지에도 좋지 못한 영향을 주기 때문에 '사상의 모기장'을 치고 황색 바람을 막아야 한다고 선전한다. 하지만 적극적인 단속에도 불구하고 황색 바람의 유입을 완전히 막지는 못하고 있다.

남한에서는 ——— **세계로 뻗어가는 남한의 대중문화**

우리가 일반적으로 즐기는 대중문화에는 영화, 애니메이션, 음악, 게임, 만화, 출판, 캐릭터, 방송, 공연 등이 있다. K-Pop, 한류의 열풍에서 알 수 있듯이, 이제 대중문화는 단순한 오락거리가 아니라 국가의 신성장동력 산업으로 받아들여지고 있다. '오징어 게임', '지금 우리 학교는', '지옥'과 같은 드라마가 넷플릭스 글로벌 콘텐츠 1위를 차지하였고, 'BTS', '블랙핑크' 등 전 세계를 무대로 활동하는 가수들도 많아지면서 한류는 변방의 문화가 아니라 전 세계적으로 주목받는 흐름이 되었다.

방송 콘텐츠 중에서는 예능 프로그램의 인기가 가장 높다. 요리, 애완동물, 외국인, 육아, 여행 등 거의 전 생활 영역에 걸친 리얼리티 프로그램이 제작되고 있으며, 최근에는 중국에서 우리나라의 예능 프로그램 포맷을 표절하는 사례가 늘고 있다.

음악 콘텐츠는 그동안 서바이벌 및 오디션 프로그램이 강세였다. 오디션 프로그램의 유행은 대중들에게 "나도 스타가 될 수 있다"라는 생각을 심어주면서 큰 인기를 끌었다.

최근 남한의 대중문화, 문화산업 키워드는 '스마트폰'이다. 하루 종일 손에서 스마트폰을 떼지 못하는 사람들이 급증하고 있고, 직장인들도 출퇴근길에 스마트폰으로 뉴스를 읽고 지난 밤에 놓친 드라마 하이라이트를 시청한다. 외근이 있을 때는 이동하다가 떠오른 아이디어를 즉시 메모하고, 점심시간에는 친구들이 보내온 유머 영상을 보며 잠시 휴식을 취하기도 한다. 이제 남한 사람들에게 스마트폰은 짧은 시간에 간단하게 핵심만을 전달할 수 있는 콘텐츠 전달 도구로 활용되고 있다.

미디어의 중심이 TV에서 스마트폰으로 이동하면서 문화 콘텐츠도 '더 빠르고, 더 간단한 방식으로' 재편되고 있다. 뉴스는 짧은 동영상과 인포그래픽으로 주요 내용을 요약 전달하며, 대중가요도 단 몇 초 안에 후렴구를 빠르게 전달해야 히트곡이 될 수 있다. 즉, 모든 콘텐츠가 마치 단 몇 초 만에 승부를 봐야 하는 광고처럼 변하고 있는 것이다.

PYONGYANG

N O R T H
K O R E A

Military Demarcation Line
Demilitarized Zone

Panmunjom

S O U T H
K O R E A

SEOUL

4장

군대생활 이야기

1. 북한에서 병역의 의무

북한에서 병역의 의무는 헌법에 "조국 보위는 공민의 신성한 의무"로 규정되어 있다. 병역을 국민의 의무로 규정하고 있어 입대 연기나 양심적 병역거부 등은 생각할 수 없다. 북한도 남한처럼 신체검사 결과에 따라 군대에 가지 못하는 사람들이 있다. 신분이 나쁜 사람은 군대 또는 특수 병과에 가지 못한다. 반대로 신분이 좋으면 원하는 병과에 우선 배치될 수도 있다. 각종 특기자들은 군대에 가지 않고 고등중학교 졸업 이후 특수한 직장에 배치된다. 그리고 곧장 대학에 들어간 학생들도 병역의 의무에서 제외된다. 그러나 준전시 상태 등이 선포될 때 대학생이 군 입대를 "집단 탄원"(집단적 요청)하기도 한다. 대학 진학과 마찬가지로 군 배치 이후의 군 생활에 있어서도 신분이 좋으면 간부가 되는 등 여러 혜택이 따른다. 남한과 마찬가지로 북한도 군 생활은 힘들지만 어릴 때부터 집단생활에 익숙하고, 국가를 위해 희생해야 한다는 의식으로 세뇌되어 있기 때문에 상대적으로 군 생활에 적응하기 쉽다.

2003년에 "전민군사복무제"라는 최고인민회의 법령이 제정되면서 군 입대의 폭이 훨씬 넓어졌다. 대학을 가더라도 중퇴한 사람이나 건강상의 문제로 면제를 받았다가 다시 나아진 경우 군대에 가게 된다. 그리고 입대 시기를 넘긴 나이 든 사람들도 군대에 간다. 여성들의 입대는 강제가 아니지만 권장되고 있다. 여성의 경우 약 30%가 군대에 가는데, 남자 군인을 보조하는 역할은 물론이고 여성으로만 구성된 고사총 부대도 있다. 북한은 군 경력이 있으면 사회적 지위도 올라가고 신분 상승의 기회도 주어지기 때문에 군 입대를 당연시한다.

2. 북한에서 군 복무

군인들은 군대 안에서의 시간이 군대 밖의 시간보다 느리다고 느낀다. 하지만 사회를 벗어나 군에 있는 동안 자신을 돌아보면서 군 생활이 인생의 전환점이 되기도 한다. 북한의 경우 병역 기간이 남자는 10년, 여자는 7년에 이른다. 고등중학교를 졸업하는 17살에 입대하여 30살이 가까이 되어 제대하기 때문에 말 그대로 국가에 청춘을 바치는 셈이다.

군 복무 기간 동안 매일 정치사상을 주입받고 훈련을 거듭하기 때문에 군 제대자들은 자연스럽게 체력적인 면은 물론이고 사상적인 면에서도 민간인을 능가하게 된다. 국가는 이런 제대 군인들을 낙후한 지역에 집단 배치하여 사회에 활력을 불어넣고 싶어 한다. 제대하고 나서 고향이 아닌 다른 지역에 배치되는 경우 가족과 자연스럽게 이별하고 배치된 곳에서 새로운 삶을 살게 된다. 따라서 북한에서 군 복무가 갖는 의미는 남한과 차원이 다르다. 북한 사회는 여행이 원칙적으로 금지되어 있기 때문에 거주지 이동과 직장 변동이 어렵다. 하지만 군 복무는 신분 이동뿐 아니라 주거지가 옮겨지는 역할도 한다. 군사 인력의 배치는 단순히 군사적인 이유에서만 이루어지는 것이 아니라 산업 인력의 배치, 농어촌 문제 해결, 낙후 지역 개발 및 국토 균형 발전을 고려하여 이루어진다.

남북한의 삶, 만남, 평화 이야기

3. 북한의 장교(군관) 선발과 입당

　북한군의 장교 선발은 크게 세 가지 유형으로 구분할 수 있다. 하나는 병사들을 군관학교에 보내는 경우이고, 다른 하나는 하사관들이나 5년 이상 복무한 병사들 중에서 장교가 될 사람들을 선발하는 것이다. 또 다른 하나는 만경대 혁명학원처럼 어릴 때부터 군 장교로 육성하는 경우이다. 하지만 일반적으로 장교가 되기 위해서는 1년 정도 일반 병사 생활을 거치고 군사전문학교나 군사대학을 졸업해야 한다. 장교로 임관하게 되면 근무하는 부대 주변의 사택에서 가족과 함께 생활한다.

　북한의 군 장교는 정치 장교와 지휘 장교로 구분된다. 정치 장교는 군에서 사상 선전을 담당하는 정치지도원을 말한다. 군에서 정치지도원은 정치상학(정치나 사상을 교육) 시간에 돋보이는 병사나 생활을 평가하는 과정에서 우수한 사람들을 입당 대상자로 추천한다. 입당 대상자로 추천되면 정치지도원이 대상자의 고향에 가서 가족, 친척, 학교 성적 등을 조사한다. 남자의 경우 군 복무 중 입당이 이루어지는 경우가 가장 많다. 보통 군대 내에서 당 간부가 되기 위해서는 정치대학을 나와야 한다. 반면에 군사대학은 당 간부가 아닌 지휘 장교를 육성하는 교육기관이다. 군에서 장교들이 당원이기 때문에 일반 병사가 장교들과 같이 당원이 된다는 것은 그만큼 군대에서 능력을 인정받았다는 것을 의미한다.

4. 당이 군대를 통제

북한에서 군대 역시 내각과 마찬가지로 조선로동당의 부서 격인 총정치국의 지도를 받는다. 총정치국 소속의 정치 장교들이 군부대에 배속되어 군 활동을 통제한다. 예를 들면, 사단에는 사단장 이 외에 사단 정치위원이 있고, 중대에는 중대 정치위원이 있는 식이다. 계급으로 따지자면 여단장이 대좌(남한의 대령급에 해당)이며, 여단에 속한 여단 정치위원은 중좌(남한의 중령급에 해당)에 해당한다. 하지만 여단장은 여단 정치위원을 부하로 대할 수 없다. 왜냐하면 여단 정치위원은 여단장의 사상 상태, 당 생활에 대한 평가를 하기 때문이다. 여단 정치위원은 여단 내 장교들을 지도하며 당 간부인 군 총정치국장이 인민무력상(국방부장관)보다 오히려 더 강력한 영향력을 가지고 있다.

5. 북한의 입대 과정

북한의 모든 남자는 만 14세가 되면 입대 대상인 초모 대상자로 등록된다. 군에 입대하기 위해 거치는 첫 번째 과정은 신체검사이다. 고등중학교 4학년에는 예비 신체검사를, 5학년과 6학년에는 각각 여름과 겨울 두 번의 신체검사를 받는다. 특히 6학년생이 되면 병원에 가서 피검사와 소변검사를 별도로 받는다. 군대 가기를 희망하는 여학생들도 같은 신체검사를 거친다. 해마다 초모소(남한의 병무청에 해당)의 직원이 학교로 찾아온다. 신체검사 불합격자, 대학 진학자 외에도 신분이 좋지 않은 학생들은 군대에 가지 못한다. 신체검사의 합격 기준은 신장 150cm, 체중 48kg 이상이었으나 식량난으로 청소년의 체격이 작아지면서 1994년 8월부터 신장 148cm, 체중 43kg으로 하향 조정되었다. 그리고 친일파, 한국 전쟁 당시 남한에 협력한 사람들, 부농 출신 등은 대학은 물론이고, 군대에도 가지 못한다.

북한에서 군 입대자들은 보통 8월에 기차역에 모여서 집단으로 이동한다. 이 시기 인민무력성의 요청으로 특수 열차가 별도로 편성된다. 학생들은 8월이 되기 전에 가까운 친척이나 동네 어른들에게 인사를 드리러 다닌다. 8월의 기차역은 군 입대자 환송 인파로 붐빈다. 기차역에 가면 초모소의 군관이 나와서 학생들을 맞이한다. 그렇게 특수 열차를 타게 되는데, 간혹 어머니가 먹을 것을 잔뜩 가지고 집결지까지 따라가기도 한다. 군 입대 전부터 어머니는 부족한 살림을 털어 자식을 배불리 먹이고자 한다. 군 복무 연한이 10년이나 되고 남한처럼 휴가가 자주 있는 것도 아니기 때문에 어머니로서는 자식과 조금이라도 같이 있고 싶어 한다. 이렇듯 자식을 위하는 부모의 마음은 남한, 북한 할 것 없이 모두 똑같다.

집결지에 도착하면 군 입대자들은 인솔 군관을 따라 각 부대 신병훈련소로 흩어지게 된다. 이때에 비로소 입대자는 어느 지역의 어느 부대에 배속되는지 알게 되며, 어머니의 동행도 여기에서 끝이 난다.

토대와 신체가 좋은 학생은 고급중학교 2학년 때 특수 부대로 차출되기도 한다. 특수 부대에 입대하는 대상자들은 이미 고급중학교 1학년 때부터 특별한 관리를 받게 된다. 청년동맹 지도원의 추천과 교장의 면담을 거치며 신체검사나 운동 능력 평가는 물론이고 학업에 대한 부분까지 면밀히 관리를 받는다. 특수 부대는 일반 병사보다 긴 훈련 과정을 거친다. 이 과정에서 몸을 다치거나 병이 생겨서 돌아오는 경우도 있는데, 이 경우 군 제대자와 거의 같은 대접을 받는다.

6. 북한의 신병 훈련과 진급

북한에는 육군, 해군, 공군별로 신병훈련소가 있으며, 이 신병훈련소를 '초모훈련소'라고 부른다. 훈련소에서는 계급이 없기 때문에 아무것도 새겨지지 않은 붉은 색 계급장을 달게 된다. 보통일반 병사는 3개월의 훈련 기간을 거치지만, 병종에 따라서 6, 9개월, 길게는 1년의 훈련을 받기도 한다.

이렇게 훈련 과정을 거친 일반 병사를 북한에서는 전사라고하는데, 남한으로 치자면 이등병에 해당한다. 전사에는 초급병사, 중급병사, 상급병사가 있다. 상급병사까지 올라가는 데에는 5~7년이 걸린다. 하사, 중사, 상사는 대체로 각각 2~3년이 지나야진급할 수 있다. 일반적으로 중사나 상사 계급에서 제대를 하게되는데, 일부는 특무 상사(남한의 원사에 해당)로 직업 군인이 된다. 직업 군인으로 선발되는 과정에 해당 군 정치위원의 의견이중요한 영향을 미친다. 이렇게 직업 군인이 되는 사람들은 사관장 학교에서 교육을 받고 특무 상사라는 계급을 얻게 된다. 특무상사가 되면서 조선로동당에 입당하는 경우가 많다. 특무 상사는주로 중대 단위에 배속되는데, 특별한 기술과 오랜 군 경력이 있기 때문에 계급 차이에도 불구하고 나이 어린 장교들이 함부로 대하지 못한다.

소위부터 군 간부로 대접을 받는데, 소위, 중위, 상위, 대위로 이어진다. 이러한 4계급 체계는 소련의 계급 체계를 그대로 받아들인 것이다. 장교가 되는 사람들은 4년제 군관 학교를 졸업한 사람으로 신분과 가정 배경이 좋아야 한다. 이후에 우리나라 영관급에 해당하는 소좌, 중좌, 상좌, 대좌가 있고, 장군급으로 소장, 중장, 상장, 대장이 있다.

7. 북한의 병영 생활

대체로 6시에 기상하여 22시에 취침한다. 기상 후 아침 점검과 내무반 점검을 받고 7시부터 아침 식사가 시작된다. 여기까지는 남한과 거의 비슷하다고 볼 수 있다. 8시부터 점심 전까지는 정치지도원에 의한 정치 상학(수업)이 진행된다. 정치 상학 시간에는 사회주의 제도의 우월성, 수령 제일주의, 자본주의나 미 제국주의에 대한 적개심 등을 교육받기 때문에 군 제대할 때쯤이 되면 민간인에 비해 사상적인 무장이 투철해지게 된다.

오후에는 주로 야외 훈련을 하는데, 특별히 체력 관리를 위한 훈련이 많이 이루어진다. 군 훈련에서 우수한 성과를 보이면 표창 휴가를 받을 수 있고, 고향의 모교에도 이 사실이 알려지기 때문에 병사들이 훈련에 적극적으로 참가한다.

야외 훈련을 하지 않을 때에는 대체로 식량 자급자족을 위해 농사를 짓는다. 식량 문제는 전반적으로 북한군에게 가장 심각한 문제이다. 1980년대 중반까지는 군에 보급이 원활했지만 1990년대 이후 자급자족을 강조하고 있다. 부식을 생산하기 위한 밭농사가 주를 이루며, 옥수수, 파, 마늘 등의 작물을 닥치는 대로 심고 가꾸고 염소나 돼지 등의 가축을 기르는 경우도 많다. 비료가 부족해서 인분을 끓여 거름으로 사용한다.

농업은 군 생활에서 상당히 큰 비중을 차지하는데, 농사짓는 기술이 좋은 경우 특별히 진급하거나 정치 평가에서 유리할 정도로 인정을 받는다. 전문 취사병은 없으며 순번을 정해서 요리를 한다.

한 중대당 약 90~100명이 되는 인원이 한 내무반에서 생활한다. 화장실이나 세면 시설이 부족하기 때문에 생활 환경은 매우 비위생적이고 열악할 수밖에 없다. 한창 먹을 나이이기 때문에 병사들은 항상 배가 고프다. 그러나 식량이 부족하기 때문에 일반 주민 집에 들어가서 먹을 것이나 닭, 개 등 가축을 훔치는 일이 자주 발생한다. 북한의 병영 생활은 그 기간이 길고 젊은이들이 자유가 없는 구속된 생활을 하는 탓에 스트레스가 심할 수밖에 없다. 따라서 구타나 가혹 행위, 탈영, 절도 같은 일탈 행동들이 계속해서 발생한다. 국가적인 대규모 공사나 아파트 건설 현장에 군인들이 동원되기도 하는데, 노동 강도가 높고 위험하기는 하지만 일반 주민과 접촉할 수 있는 기회가 많아지기 때문에 선호하는 군인들이 많다.

저녁 7시가 되면 저녁 식사가 끝나고 집체(단체) 오락 시간을 1시간 넘게 가진다. 주로 악기 연주와 노래 부르기가 진행된다. 외부에서 본다면 남자들끼리 무용을 하고 오락 시간을 가지기 때

문에 별 재미가 없다고 생각할지 모르겠지만, 외부와의 소식이
단절되어 있고 별다른 오락 수단이 없기 때문에 병사들에게는 매
우 즐거운 시간이다.

남한의 병영 생활

사실 군대라는 곳은 복무기간, 복무장소, 복무여건과는 상관없이 모두가 힘들다고
느낀다. 하지만 북한에 비하면 남한의 군 생활이 다소 편안하게 느껴지는 것은
사실이다. 남한의 군대는 신체 검사 이 외에도 다양한 면제 사유가 있다. 생계
유지가 곤란하거나, 고아, 귀화자, 성전환자 등이 대표적인 면제 사유이다. 입영
일자도 본인이 선택할 수 있으며, 질병이나 학업, 가정 형편 등의 각종 사유로
연기가 가능하다. 심지어 1명에 한해서는 동반 입대도 가능하다.
어느 병과에 속하느냐에 따라 다르지만 약 5주간의 신병 훈련이 진행되는데, 이
후 이병 계급장을 달고 자대에 배치된다. 기본 5주간의 훈련 기간 동안 특기 적
성 검사는 물론이고, 정신교육, 체력훈련, 화생방 훈련, 20km 행군까지 질적인
면에서 밀도 높은 훈련이 이루어진다.
군 복무 기간은 현재 육군을 기준으로 18개월이다. 여기에 정기 휴가만 24일
정도 주어진다. 사실 지나치게 북한에 비해 병력이 적고, 군 복무기간이 짧아진
다는 비판도 있지만, 군 현대화를 통해 병력의 차이를 극복하겠다는 것이 정부
의 계획이다. 남한은 현재 간부 위주의 정예화된 병력 구조로 전환하고 있어서
간부의 숫자는 늘고 있지만, 오히려 일반 병의 숫자는 감소하고 있다. 장교가 되
는 길도 다양하여 학사 장교, ROTC, 사관학교 등 여러 가지 방법 중에서 선
택할 수 있다.
국민의 한 사람으로서 신성한 국방의 의무를 수행하는 것은 당연하지만 젊음을
국가를 위해 희생하는 만큼 최소한의 혜택은 뒤따라야 한다. 군 급식은 1인당 1
일 13,000원의 예산이 책정되어 있다. 탄수화물보다는 단백질의 비중을 늘리
고 다양한 메뉴를 공급하기 위해서 노력 중이다. 지금까지 많은 개선이 있어 왔
지만, 아직 각 부대마다 여건에 따라 부실한 급식이 지급되어 논란이 되는 경우

가 많다.

무엇보다 큰 변화는 2020년 7월부터 일과 시간 후 휴대전화 사용이 허용되었다는 점이다. 생활관도 소대 단위의 침상형에서 분대 단위의 침대형으로 점차 개선되고 있다. 2022년 봉급은 이병이 510,100원, 병장이 676,100원이다. 하지만 앞으로 2025년까지 봉급과 정부지원급을 합하여 병장의 경우 200만 원까지 인상된다고 한다.

8. 북한 군인들의 휴가

정기휴가는 10년에 1회, 제대가 1~2년 정도 남았을 때 2주 정도의 휴가를 받는다. 정기 휴가 이 외에 표창 수여, 결혼, 부모 사망 시에 10~15일 정도 특별 휴가를 얻게 된다. 병사들이 휴가 갈 때 장교가 동행하기도 한다. 군 생활을 잘하는 사람이 휴가를 나오면 학생들이 나와서 환영식을 열어주는 등 군대휴가가 선전·선동에 활용되기도 한다. 면회도 부모나 본인의 희망으로 이루어지는 것이 아니다. 면회는 부대에서 인원과 날짜를 정해주는데, 이것 역시 일종의 포상으로 활용된다. 이렇게 들으면 무척 가혹하다고 여겨지지만, 실제 당사자들은 제대가 가까워졌을 때 휴가를 나가게 되면 휴가를 허락해준 수령과 당의 배려에 감사하는 마음을 가지게 된다. 장시간 같은 장소에서 군 생활을 하기 때문에 강한 소속감을 가지며, 같이 군 복무한 사람들은 제대 이후에도 관계를 지속하는 경우가 많다.

9. 북한 군인들의 제대 이후 생활

북한에서 사회의 요직에 진출하기 위해서는 군 경력이 필수적이다. 군의 장교들은 모두 당원이고, 군 제대 이후 대학 입학의 자격이 주어지기 때문에 병역을 당연시하는 풍조가 있다.

전역 후에는 집단 배치를 통해 직업을 갖거나 고향으로 돌아가게 된다. 여기서 중요한 것은 개인의 의사보다 당이 어떤 결정을 내리느냐가 우선이라는 점이다. 고향이 아닌 다른 지역으로 집단 배치를 받으면 제대 후에 평생 집에 돌아가지 못하는 경우도 발생한다. 하지만 특수 부대에서 근무하고 제대하면 고향으로 돌아갈 수 있는 혜택이 주어진다. 특수 부대 출신은 공산대학 졸업을 인정받고, 해당 지역의 당 세포 비서가 될 수 있다. 특수 부대나 병과 출신이라면 일반 노동자가 아닌 기업소 간부나 청년동맹 기초 일군처럼 간부 취급을 받는다.

전역 후 집에 돌아가면 지역 군사 동원과에 가서 제대 사실을 신고해야 한다. 그러면 군사 동원과에서는 군에서 내려온 서류와 대조하고 지역 노동과로 넘겨 직장을 배치받도록 한다. 하지만 고향으로 돌아가지 못하고 대규모 공사나 광산 개발, 간척지 개발 등에 배치되면 대개 고향과 떨어져서 집단 배치받은 곳에서 자연스럽게 정착하게 된다.

10. 4대 군사 노선

1960년대부터 군사력 강화를 위해 북한이 강조하고 있는 4대

군사 노선에는 전군 현대화, 전군 간부화, 전국 요새화, 전민 무장화가 있다. 그중에서 전국 요새화, 전민 무장화는 모든 북한 주민들이 대상이다. 북한은 군사에서 자위, 외교에서 자주, 경제에서 자립, 사상에서 주체를 강조해 왔다. 4대 군사 노선이 강조된 외부적 요인을 살펴본다면, 1962년에 발생한 쿠바 사태가 결국 미국의 의도대로 해결되었고 중소 분쟁 때문에 소련이 경제, 군사 원조가 중단된 상황이 발생하였기 때문이다.

전군 간부화는 군을 단련시켜 유사시에 북한군인 모두가 한 계급 이상의 임무를 수행할 수 있는 훈련 태세를 갖추겠다는 것이다. 전군 현대화는 군이 가지고 있는 무기와 장비를 현대화시키고 전군이 그 무기를 능숙하게 다룰 수 있게 하겠다는 것이다. 전민 무장화는 정규군과 같이 모든 노동자, 농민, 학생이 유사시에 전쟁에 투입될 수 있는 준비를 하겠다는 것이다. 전국 요새화는 주요 군사시설과 산업시설을 지하화하며 전 국토에 방위시설을 구축하겠다는 것이다. 이것이 오늘까지 이어지면서 북한은 군사력을 강화해야 다른 나라의 위협에서 벗어나고 경제도 제대로 운영될 수 있다는 잘못된 인식을 가지게 되었다.

북한 정권의 가장 큰 관심은 북한 체제를 지키는 것이다. 하지만 북한 체제 자체는 많은 비효율성을 가지고 있기 때문에 외부의 자극에 취약할 수밖에 없다. 따라서 동맹국의 도움 없이 북한 자체의 힘으로 국가를 지킬 수 있는 방법을 모색하게 되었다. 그 결과 핵과 대륙간 탄도 미사일을 개발하게 되었고 주민들에게 전쟁 준비를 강요하고 있다.

남북한 군사력 비교(2022년 12월 기준)

	남한	북한
병력(평시)		
육군	36.5만여 명	110만여 명
해군	7.0만여 명 (해병대 포함)	6만여 명
공군	6.5만여 명	11만여 명
전략군	-	1만여 명
계	50만여 명	128만여 명
주요전력		
육군		
전차	2200여 대 (해병대 포함)	4300여 대
장갑차	3100여 대 (해병대 포함)	2600여 대
야포	5600여 문 (해병대 포함)	8800여 문
다련장/방사포	310여 문	5500여 문
지대지유도무기	발사대 60여 기	발사대 100여 기 (전략군)
해군		
전투함정	90여 척	420여 척
상륙함정	10여 척	250여 척
기뢰전함정(소해정)	10여 척	20여 척
지원함정	20여 척	40여 척
잠수함정	10여 척	70여 척
공군		
전투임무기	410여 대	810여 대
감시통제기	70여 대 (해군 항공기 포함)	30여 대 (정찰기)
기동기(AN-2 포함)	50여 대	350여 대
훈련기	190여 대	80여 대

헬기	700여 대	290여 대
예비병력	310만여 명 (사관후보생 전시근로소집 전환/ 대체 복무 인원 포함)	762만여 명 (교도대 노농적위군 붉은청년근위대 포함)

자료: 국방부, 『2022 국방백서』

11. 선군 정치

1980년대 말 사회주의권이 붕괴하고 경제난이 심각해졌을 때 김정일은 이러한 위기를 극복하기 위해서 개혁개방으로 나서는 대신에 사상 무장이 잘 되어 있는 군을 활용하기로 결정했다. 사회주의 이론에 의하면 사회주의 위업을 수행하기 위해서 노동 계급이 혁명의 주력군으로 전면에 나서야 한다. 하지만 북한은 선군 정치를 통해 군인들을 전면에 내세웠다.

군대가 먼저 문화를 창조하고 민간이 군대식 문화를 따라야 한다는 논리가 등장한 것이다. 이는 군을 내세워서 체제를 지키고 민간인을 통제해 나가겠다는 것이다. 그러다 보니 국방산업이 경제 운영의 중심에 놓이게 되었다. 이러한 풍조는 정치, 경제를 넘어서 교육, 문화, 예술 등 사회 모든 영역에 영향을 미치고 있다.

한걸음 더 ——— **고난의 행군**

고난의 행군은 김일성이 항일 유격대 시절 일본군을 피해 만주에서 압록강 일대로 행군하였던 것을 가리키는 단어이다. 북한 당국은 당시 김일성이 일본군의 추격과 추위, 굶주림을 이겨내면서 항일유격대를 이끌고 전설적인 능력을 과시했다고 하면서 사실을 과장하여 선전하고 있다. 하지만 오늘날 북한에서 고난의 행군은 단순히 과거의 사건을 가리키는 말이 아니다. 1994년 김일성 사망과 함께 경제난이 가중되면서 많은 주민들이 식량부족으로 어려움을 겪게 되는데, 김일성이 그랬던 것처럼 이 고난을 이겨나가자는 뜻을 담고 있다.

이 용어는 1996년도 로동신문, 민주조선, 청년전위의 공동사설에서 "백두밀림에서 창조된 고난의 행군정신으로 살며 싸워 나가자"라는 구호로 등장하기 시작했다. 북한은 2000년에 당 창건 55주년을 기념해 고난의 행군이 끝났다고 선언하였다. 그럼에도 불구하고 고난의 행군이 가져온 사회적 충격은 아직까지 남아있다. 배급제도가 무너지면서 북한 주민들의 북한 체제에 대한 신뢰가 약해졌고, 스스로 살길을 찾는 자생력이 강해졌다.

고난의 행군 시기에 배고픔으로 굶어 죽은 아사자의 숫자가 최소 수십만 명에서 최대 수백만 명에 이른다는 비공식 통계가 있다. 선군 정치, 사회주의 강성대국론, 핵-경제 병진 노선 등은 근본적으로 고난의 행군을 극복하기 위한 정책들과 관련이 있다. 고난의 행군을 거치면서 북한 주민들은 북한 체제의 한계를 인식하기 시작했고, 이후 장마당 활성화, 외부 문화 유입 확산, 탈북자 증가 등의 변화가 나타났다.

12. 북한의 예비 전력

북한에는 노농적위군과 붉은청년근위대 등 일반인들이 동원되는 예비군 조직이 있다. 예비군 대상에 14~60세의 동원 가능한 모든 인구가 포함되는데, 전체 인구의 30%인 762만여 명에 이른다. 북한 예비군의 훈련강도는 남한의 민방위 훈련이나 예비군 훈련 강도보다 훨씬 강하다. 훈련에 불참하게 되면 법에 의해 처벌받고, 정치적으로도 강한 비판을 받게 된다.

고급중학교 1학년이 되면 청년동맹에 가입할 뿐만 아니라 붉은청년근위대에 소속되어 방학마다 2주간의 군사훈련을 받아야 한다. 2004년부터는 교과목에 군사 과목이 추가되어, 모든 학생들이 군사 지식을 배우게 되었다.

보통 군 제대자들은 1년에 40일 정도의 동원 훈련을 받는데, 군에서의 생활과 동일한 훈련을 받는다. 모든 도마다 1개의 예비군 군단이 있으며, 전국적으로 평균 100만 명 정도가 동원되어 훈련을 받고 있다.

17~60세에 해당하는 미혼 여성이나 군 미필자들은 노농적위군에 소속된다. 남한으로 치자면 민방위에 해당하는데 정규군과 같은 체제를 유지하며, 훈련 강도는 남한에 비해 훨씬 강하다. 이들 역시 유사시를 대비한 군사 훈련을 받는다. 군을 제대한 간부들은 조상학이라는 별도의 예비군 훈련을 받는다.

집마다 모든 주민들은 비상 소집에 대비하여 적위군복과 모자, 배낭, 목총을 항상 준비하고 있다. 비상 소집은 작업 인력을 제외한 사람들이 모두 참여한다. 비상 소집은 1, 2, 8월에 주로 실시된다. 일단 사이렌이 울리면 등화관제가 시작되고, 비상 연락망 체계에 따라 비상 소집 장소에 집합한다. 폭격을 가정하여 미리 정해둔 대피소에 집합하고, 실제 야외에서는 연기가 안 나게 밥을 해 먹는 연습까지 한다. 소집 장소에서 비상 용품과 복장을 검열받고, 10리 강행군 같은 군사 훈련에 준하는 행군 훈련도 이루어진다. 여성이나 장애를 가진 주민들은 군수품 생산을 위한 3.18 동원대에 편성된다.

남한의 예비 전력

남한의 인구는 북한의 2배 정도 되지만 동원할 수 있는 병력의 숫자는 북한이 남한보다 훨씬 많다. 남한의 예비군 규모는 310만 명 정도이지만 북한은 762만 명에 이른다.

예비군 훈련은 출신 병종과 제대할 때 계급에 따라 다소 차이가 있지만, 연 2박 3일의 동원 훈련으로 진행되며 제대 후 4년까지 받는다. 이후에는 간단한 소집 훈련에만 참여하면 된다. 예비군 복무가 끝난 남자들은 민방위대에 편입되며, 편입 후 1~4년까지만 4시간의 동원 훈련이 있고 이후에는 1시간의 간단한 소집 훈련만 받다가 40세가 넘으면 이 모든 편성에서 제외된다.

남한은 북한에 비해 병력의 숫자나 제대 이후의 훈련 기간이 굉장히 짧은 편이다. 남한의 경우 훈련이 생계에 지장을 주어서는 안 되기 때문에 장시간의 동원이 어렵다. 이에 대한 대책으로 현재 예비군 전력을 정예화하기 위해 '동원전력사령부' 개설을 추진 중에 있으며, 예비군 훈련 보상금도 계속해서 인상하는 추세이다.

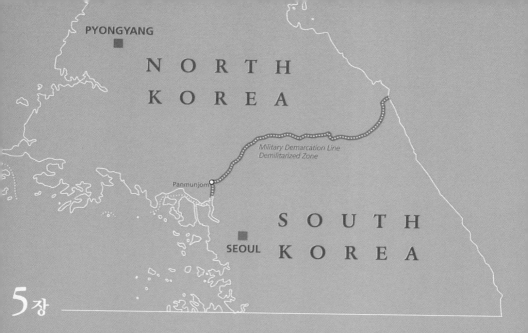

5장

정치생활 이야기

1. 국가의 최고 기관 조선로동당의 위상

북한 헌법 11조에는 "조선민주주의인민공화국은 조선로동당의 영도 하에 모든 활동을 진행한다"라고 명시되어 있다. 그만큼 조선로동당은 북한의 권력 기관들 가운데 가장 정점에 위치하고 있다. 즉 국가 활동뿐 아니라 주민들의 일상생활까지 모두 조선로동당의 통제를 받는다. 사실 남한에서는 북한 조선로동당과 같은 기구가 없기 때문에 조선로동당의 역할에 대해서 잘 이해하지 못한다.

일반적으로 사회주의 국가에서 이야기하는 당은 자본주의 국가에서 이야기하는 정당과 다르다. 다당제 국가인 자본주의 국가에서 정당은 정치적인 입장을 함께하는 사람들이 선거에서 승리하고, 자신의 정치적 입장을 정책에 반영하기 위한 일종의 정치적 이익집단이다. 하지만 일당제 국가인 사회주의 국가의 당은 사회주의 목표실현을 위한 독재수단의 역할을 한다. 따라서 일반적으로 사회주의 국가에서 당이 국가를 통제하고 정책을 결정하고 있다.

지난 2021년 1월 개정된 조선로동당의 규약을 보면 "조선로동당은 '위대한 김일성-김정일주의 당'이며, '당의 지위와 역할은 다른 어떤 정치조직도 대신할 수 없다"고 명시되어 있다. 결국 조선로동당은 국가의 가장 강력한 권력기구로서 독재자인 수령 김정은을 위해 존재한다.

사회가 복잡·다양해지고, 정치 과정이 민주화되는 과정에서 다양한 정치 주체들이 등장하게 되었다. 민주주의의 핵심은 얼마나 다양성을 존중하고, 서로를 인정하느냐이다. 따라서 각자의 이익을 추구하기 위한 여러 단체들이 생겨나는 것은 지극히 정상적이다. 개인은 목소리가 작지만 여럿이 모여서 하나의 단체를 이루면 보다 쉽게 자신의 주장을 밝히고 관철시킬 수 있다.

이익 집단은 바로 그러한 목적을 달성하기 위해 만들어진다. 오늘날에는 아주 많은 이익 집단이 활동하고 있다. 특정한 가문을 위한 종친회, 특정 학교 출신을 위한 동창회 등도 이익 집단으로 볼 수 있다. 프로야구 선수협회 같은 특정한 직업인을 위한 단체도 있고, 아파트 주민회와 같은 특정 지역에 주거하는 사람을 위한 단체 등도 모두 이익 집단이라고 할 수 있다.

그런가 하면 특정한 집단의 이익을 추구하지 않는 단체들도 있다. 환경 연합 같은 단체는 특별히 어느 집단을 대표한다고 볼 수 없다. 하지만 환경 보호라는 공익적인 목적을 위해 광범위한 지역, 다양한 계층의 사람이 활동하고 있다. 참여연대, 경제정의실천시민연합 등도 시민단체라고 부를 수 있다.

정당은 쉽게 말해서 정치에 직접적으로 참여하여, 영향력을 행사할 수 있는 단체다. 정당은 선거에서 후보자를 내고, 당선시켜서 정당이 추구하는 바를 실현시키는 것을 목적으로 한다.

2. 북한의 지도자 – 수령의 존재

김일성은 6·25 전쟁 이후 자신을 견제하던 반대 집단들을 모두 제거하는 과정을 거쳐 유일한 지도자가 되었다. 북한은 1972년에 개최된 최고인민회의에서 김일성의 권력을 강화하는 방향으로 헌법을 개정했다. 그 내용 중 핵심적인 것은 강한 권한을 행사할 수 있는 '국가 주석제'를 도입한 것이다. 김일성은 1972년 국

가 주석이 되면서 명실상부 북한 체제를 상징하는 유일한 인물이
되었다.

남한에서는 _____

남한의 최고 권력자 대통령

남한 국민들은 국회의원분만 아니라 대통령도 직접 선출한다. 대통령은 행정부 수반의 권한과 함께 국가 최고 권력자로서 권한을 가진다. 대통령제의 장점은 임기가 보장되어 의회의 신임 여부와 관계없이 재직하므로 정국이 안정되고 국가정책을 장기적, 계획적으로 추진할 수 있다는 것이다. 그리고 국가원수와 행정부 수반이 한 사람이기 때문에 국가의 두 중요한 권한(국가원수의 권한, 행정부 수반의 권한) 행사에 일관성을 기할 수 있다. 대통령은 외국에 대하여 국가를 대표하며, 국가의 독립, 영토의 보전, 국가의 계속성과 헌법을 수호할 책무를 진다. 그리고 조국의 평화적 통일을 위해 성실히 노력할 의무가 있다. 대통령은 국가원수로서 조약을 체결, 비준하고, 외교사절을 신임, 접수 또는 파견하며 국군 최고사령관을 맡는다.

행정부 수반으로서 국무총리의 보좌를 받아 국정을 책임진다. 입법부에 대한 견제권으로서 국회에서 의결한 법률안에 대해서 거부권을 행사할 수 있고 사법부에 대한 견제권으로서 사면권을 가진다.

반면, 대통령제의 단점은 임기가 보장되기 때문에 아무리 정치적으로 무능하더라도 교체할 법적인 방법이 없다는 것이다. 탄핵제도가 있지만 이는 대통령의 중대한 법 위반 사실이 있을 경우에만 가능하다. 그리고 대통령과 의회가 서로 협력하지 않고 대립할 경우, 별도의 중재기관이 없어서 국가가 제대로 운영되지 못하고 국민들이 피해를 입게 될 수가 있다.

1994년 김일성이 사망하고 김정일이 아버지의 지위를 물려받았다. 2011년 김정일의 사망과 함께 권력은 김정은에게 세습되어 현재까지 이어지고 있다. 북한에서는 지도자에 대한 지나친 개인숭배의 경향이 나타나고 있으며, 모든 권력이 지도자에게 집중되

어 있다. 한편, 3대 세습은 북한 체제 운영의 취약점으로 작용하고 있다.

북한 주민들의 생활 속에서 김일성, 김정일과 더불어 김정은은 신적인 존재이다. 특히 김일성의 생일인 4월 15일은 태양절이라고 불리며 설날이나 추석보다 중요한 명절로 여겨진다. 북한은 교통 사정이 좋지 않기 때문에 설날이나 추석이라고 해도 일가친척이 모두 모이기 힘들다. 오히려 김일성의 생일인 4월 15일이나 김정일의 생일인 2월 16일이 국가적으로 주민들에게 사탕이나 과일 같은 선물을 주기도 하고 자체적인 예술 공연도 하는 국가적인 축제일이다.

새해를 맞아 김일성·김정일 동상에 헌화하는 북한 주민들

2011년 12월 김정일 사망 이후 북한 최고 권력자로 추대된 김정은은 1984년 1월 8일 출생하여 스위스에서 2년간 유학한 경험을 가지고 있다. 최고 권력자가 된 이후에는 '경제 발전과 핵무력

발전 병진노선'을 채택하여 2013년 1회, 2016년 2회, 2017년 1회 총 4차례 핵실험을 단행하였다. 이후 2018년에 들어 4, 5, 9월 세 차례에 걸쳐 남한 문재인 대통령과 정상회담을 가지기도 했다. 하지만 핵실험으로 인한 국제사회의 경제제재와 2020년부터 시작된 전 세계적인 코로나19에 따른 국경 봉쇄로 심각한 경제적 어려움을 겪고 있으며 북한이 2020년 6월 개성에 있는 남북연락 사무소를 폭파시킨 이후 남북관계도 경색되었다.

3. 조선로동당 이 외의 북한의 정당

정당은 정권 획득을 목적으로 하는 단체이다. 정치적인 이상과 목적을 같이 하는 사람들이 모인 단체이기 때문에 정당마다 내세우는 정책이나 이상이 다를 수밖에 없다. 민주주의 국가에서 야당은 여당을 견제한다. 하지만 북한에서는 이러한 모습을 찾아보기 힘들다. 왜냐하면 북한은 일당 지배제를 실시하고 있기 때문에 조선로동당 외에 다른 정당들은 단지 조선로동당의 지시에 따를 뿐이다.

북한에도 조선로동당 이 외에 천도교 청우당, 조선사회민주당 등의 정당이 있다. 하지만 이러한 정당들은 지역당 조직을 가지고 있지 않으며, 엄격한 의미에서 야당이라고 할 수도 없다. 단지 외국 정당들과의 국제 교류를 할 때 활용될 뿐이다. 종교 단체들 역시 조선로동당의 종속적인 역할을 한다는 점에서 이 정당들과 다르지 않다.

남한 최고 상위법인 헌법 제1조에 "대한민국은 민주공화국이다. 대한민국의 주권은 국민에게 있고, 모든 권력은 국민으로부터 나온다"고 명시되어 있다.
민주공화국이 무슨 뜻일까? 간단히 말해서 민주주의를 실현하는 공화국이다. 민주주의를 한자로 보면 민(民: 백성), 주(主: 주인), 주의(主義: 원칙과 사상), 즉 백성이 주인이 되는 원칙과 사상이다. 영어의 어원도 이와 비슷하다. 영어로 민주주의가 Democracy인데, 여기에서 Demo는 대중을 의미하고 Cracy는 지배를 의미한다. 즉, 대중의 지배가 민주주의인 것이다. 따라서 민주정치란 국민이 국가 의사결정에 참여하고, 국가 기관의 구성에 참가하며, 정치 과정을 적절히 통제하는 정치방식이다.

4. 당원이 되는 길 - 당원은 출세의 수단

북한에서는 조선로동당이 북한 주민을 대표하고 북한 사회를 이끌어 나가는 조직이라고 주장한다. 조선로동당 규약에 의하면 조선로동당은 "수령의 혁명사상을 지도지침으로 하고 수령의 유일적 령도 밑에 혁명과 건설을 진행하는 노동자, 농민의 우수한 인재들로 구성된 혁명의 전위조직"이다. 따라서 조선로동당에 입당하는 것은 북한 사회를 이끌어 나가는 리더의 한 사람으로서 자격이 있다는 것을 의미한다. 개인의 희망이나 노력으로 조선로동당에 입당할 수 있는 것은 아니다. 매년 지역마다 일정한 입당 인원이 배정되기 때문에 희망자들 사이에 치열한 경쟁이 벌어진다. 입당하기 위해서는 경쟁에서 승리해야 할 뿐만 아니라 자신의 신분을 증명해 줄 수 있는 2명의 입당 보증인을 확보해야 한다. 조선로동당에 입당한다고 하더라도 그 즉시 정식 당원이 되는 것이 아니라 2년간 후보당원 생활을 거치고 다시 심사를 받아 통과해야 정식 당원이 될 수 있다.

북한은 모든 사람들이 서로를 감시하는 사회이다. 따라서 개인은 여러 차례 사상과 능력을 검증받게 되고 거기서 얻어지는 사회적 평판이 그 사람의 미래를 결정한다. 심지어는 먼 친인척들이 그 사람의 성분과 입당을 결정짓는 데에 영향을 주기도 한다. 이름도 얼굴도 모르는 8촌 친척이 과거에 어떤 잘못을 저질렀거나 현재 친인척 중에 범죄자가 있다면 입당 심사에서 보류될 수 있다. 보통 지주 집안이나 기독교 집안의 후손들, 반당 반혁명 종파 행동을 한 친척이 있는 경우 조선로동당 입당이 어렵다.

하지만 성분이 나쁘다고 해서 입당이 전혀 불가능한 것은 아니다. 이른바 "화선 입당"이라는 제도가 있다. 이 제도를 통해 성분과 토대가 나쁜 사람에게도 입당 자격이 주어지기도 한다. 비록 그 숫자는 적지만 사람들은 화선 입당 제도를 통해 입당에 대한 희망을 가지고 계속 당에 충성하게 된다. 원래 화선 입당 제도는 전쟁 당시 공이 많은 군인을 입당시키기 위한 제도였다. 화선 입당이란 당원이 되기 위한 검증 과정, 절차를 모두 생략하고 정식 당원의 자격을 부여하는 제도이다.

화선 입당은 비정기적으로 이루어지고 그 숫자도 워낙 적지만 주민들에게 미치는 영향력은 매우 크다. 사회의 소외 계층을 당이 용서하고 끌어안는다는 의미이기 때문에 당의 위신을 높이는 효과도 얻게 된다. 그리고 그것을 지켜보는 사람들에게 당에 대한 충성을 자극시키는 훌륭한 선전 효과가 있다. 대중 동원의 수단으로 활용되는 화선 입당 제도이지만, 이 제도를 통해 입당한 사람은 많은 사람들 앞에서 자신의 과오를 용서받은 셈이기 때문에 더욱 당에 충성하게 된다.

5. 당원의 혜택

북한 사회는 경제적 보상이 그리 크지 않다. 따라서 사람들은 사회적 명예에 관심을 가지게 되고 조선로동당 입당은 그러한 사회적 명예를 얻는 가장 좋은 수단이다. 북한 사회에서 당원은 수령의 교시를 철저히 따르고 모범적인 삶을 사는 사람들이라고 인식된다. 물론 당원으로서 역할을 제대로 하지 못하면 출당 조치를 당할 수도 있다. 출당을 당할 경우 자신의 진로뿐만 아니라 자녀와 친척들의 진로에까지 부정적인 영향을 주기 때문에 헌신적으로 일하게 된다. 따라서 당원들은 북한 체제를 유지하는 일에 결정적으로 중요한 역할을 수행한다.

원래 사회주의 국가에서 당은 완전한 평등을 실현하기 위한 사회주의 혁명의 수단이다. 하지만 북한에서는 노동당원이 여러 가지 혜택을 누리게 되면서 도리어 불평등을 조장하는 요인이 되기도 한다. 당원이 되면 북한 사회의 리더가 되어 많은 이익을 얻고 간부로서 출세하는 길이 열리게 된다. 그리고 동시에 이 간부들이 사회 부정부패와 연결되기 때문에 사회 불평등을 조장하게 되는 것이다.

당원이 되면 다른 사람들보다 모범이 되어야 한다는 스트레스가 있기도 하지만, 자녀들이 대학에 진학하거나 직장을 배정받을 때 혜택을 받을 수 있고 사회적 존경을 받을 수 있어서 당원들은 높은 자존감을 가진다.

북한에서 당원들의 숫자는 북한 전체 인구의 10% 정도이다. 당원마다 일련번호가 부여되는데, 공식적인 조선로동당의 1번 당원은 김일성이다. 당원이 아닌 사람들은 다른 정치조직에 소속된다. 북한 주민들은 빠짐없이 각 정치조직에 소속되어 있고 그 조직의 정치적 활동에 열성적으로 참여해야 한다. 그러한 조직에는

북한에서 당의 외곽 단체

단체명	가입대상	조직규모	구성 방법 및 활동
조선소년단	소학교 (2학년 이상)	약 300만 명	소학교 2학년부터 순차적으로 가입 / 조직생활 연습, 꼬마 활동 등의 과업 수행
사회주의 애국청년동맹	14~30세 학생, 군인, 사회인	약 500만 명	당원을 제외한 해당 연령층 / 사상교양, 당 지원사업, 경제 건설 및 정책 지원
사회주의 여성동맹 (여맹)	31~60세 여성	약 20만 명	타 단체에 속하지 않은 여성(특히 가정주부) / 자녀교육, 사회적 동원
농업 근로자동맹 (농근맹)	31~65세 협동농장원 (여성은 60세)	약 130만 명	농민 / 농촌사업지도
조선 직업총동맹 (직맹)	31~65세 노동자, 근로자 (여성은 60세)	약 160만 명	노동자, 사무원 등 직장단위로 조직, 9개의 산별 직업동맹 있음 / 기술 습득과 경제적 생산 능력 향상

자료: 국립 통일교육원, 『2017 북한 이해』

사회주의 애국청년동맹, 사회주의 여성동맹, 조선직업총동맹 등의 여러 조직들이 있다. 이 조직들은 조선로동당을 지원하고 보조해주는 역할을 한다.

6. 북한의 국회 - 최고인민회의

북한의 최고인민회의는 남한의 국회에 해당하며, 최고인민회의 대의원은 남한의 국회의원에 해당한다. 남한의 국회의원 임기는 4년이지만, 최고인민회의 대의원의 임기는 5년이다. 전국적으로 687명의 최고인민회의 대의원이 있다. 최고인민회의 대의원은 선거에 의해 선출되는데, 선거의 의미가 남한과는 차이가 있다. 조선로동당의 최종 승인을 받아 1명의 후보자가 지명되고, 선거 40일 전에 후보 출마를 알리는 공고가 각 게시판에 붙여진다. 그런데 후보의 이름과 현재 직위만 알려질 뿐 학력이나 경력은 공고되지 않는다.

후보가 한 사람이기 때문에 선거운동도 없고 선거관리위원회 같은 상설 기구도 없다. 조선로동당의 단수 공천에 의해 후보 한 사람만 입후보하기 때문에 선거는 사실상 형식에 지나지 않는다. 후보를 공천하기에 앞서 각 지방의 당 조직이 후보자가 될 사람을 면밀히 검토하여 명단을 상급 당으로 올려보낸다. 이것을 바탕으로 조선로동당에서 계층이나 직업, 성별에 따라 조절하여 후보로 내세운다. 때로는 노력 영웅이나 공화국 영웅 같이 그 지역에서 유명한 인사가 후보가 되기도 한다.

어쨌든 주민들은 당에서 내세울 만한 사람을 내세웠다고 생각하고 큰 불만을 제기하지 않는다. 즉 투표는 가부 결과만을 물어 보는 제도여서 결과는 정해져 있다. 과거에는 찬성과 반대를 따로 구분하기 위해 투표함을 2개 사용한 적도 있었지만 현재는 하나의 투표함을 사용한다. 북한 당국은 선거가 끝날 때마다 100%에 가까운 선거 참여와 찬성이 있었다고 선전한다. 투표 결과가 어차피 뻔하기 때문에 선거 투표장은 긴장 분위기가 느껴지지 않고 새로운 대의원의 당선을 축하하고 당에 대한 충성을 확인하는 축제의 장이 된다.

북한의 주민들은 공민증(남한의 주민등록증에 해당)이 발급되는 만 17세부터 선거권을 갖게 된다. 투표할 때에는 반드시 공민증을 지참해야 하고 공민증을 분실한 경우에는 각 지역의 관청으로 가서 확인증을 발급받아야 투표에 참여할 수 있다.

투표일은 공휴일로 지정되고 새벽 5시부터 시작하여 오후 2시면 투표가 거의 끝난다. 투표에 참여할 때는 되도록 깨끗하고 좋은 옷을 입는다. 축제 분위기 속에서 선전대는 밝은 곡을 연주하고 주민들은 꽃을 흔들고 노래와 춤을 춘다. 선거에 불참하는 것은 중대한 정치적 과오에 속하기 때문에 반드시 투표에 참여하여야 한다.

남한에서는 ───   **다양한 정치 참여 방법**

민주주의는 국민들의 적극적인 참여에 의해 유지된다. 국민 스스로가 국민의 기본권을 지키기 위해 강압적인 국가 체제에 대항한 과정이 민주주의 역사이다. 국민들이 정치에 무관심해지고 소극적인 태도를 보인다면 언제든지 독재정치가 나타날 수 있다. 선거 이 외에도 다양한 정치 참여 방법들이 있다. 이를테면 투표하는 것 이 외에도 개인의 의사에 따라 출마를 할 수도 있고 마음에 드는 후보자를 지지할 수도 있다. 개인적인 차원에서 언론 투고나 국민 신문고, SNS를 통해 자유롭게 자신의 의사를 표현할 수 있다. 이익 단체나 시민 단체, 정당 활동을 하는 것도 좋은 방법이다.

7. 최고인민회의 대의원의 지위와 역할

최고인민회의 대의원은 남한의 국회의원과 달리 명예직이다. 즉, 최고인민회의 대의원은 그것만을 직업으로 삼는 것이 아니라 평소에 다른 직업을 갖고 있다가 회의 기간에만 참석한다. 최고인민회의는 1년에 1~2차례 정도의 정기 회의를 개최한다. 법안과 예산안 등을 확정하게 되는데, 대의원들은 이미 결정된 것을 통과시켜주는 거수기 역할을 하게 된다. 별도로 수당을 많이 받는 것도 아니며 보좌진도 없다. 따라서 일반 주민들의 입장에서 최고인민회의 대의원이라고 하면 입법자로서의 국회의원이 아니라 지역 유지처럼 생각한다.

그럼에도 불구하고 대의원으로 선출되면 인민의 대표자이기 때문에 사회적 존경을 받게 된다. 최고인민회의에 참석하면 냉장고나 텔레비전 등을 보상으로 받는 경우가 있기 때문에 물질적 보상이 전혀 없는 것은 아니다. 최고인민회의는 헌법과 법령을 제정하거나 수정하며, 대내외 정책의 기본 원칙을 세우고 국무위원회 위원장과 위원, 최고인민회의 상임위원장과 위원, 내각 총리, 중앙재판소장을 선출하고 소환하는 일도 한다. 그 밖에도 예산 심의, 승인과 외국과의 조약을 비준하고 폐기하는 권한도 있다. 하지만 이 모든 권한들은 조선로동당의 지시에 따른 형식적 권한에 불과하다.

최고인민회의에는 상임위원회가 있는데 위원장과 부위원장, 서기장과 위원들로 구성되어 있다. 최고인민회의가 개최되지 않는 시기에는 상임위원회가 최고인민회의의 역할을 수행한다. 최고인민회의 상임위원회 아래에는 법제위원회와 예산위원회가 있다.

남한에서는 _____

남한의 국회

입법부인 국회가 입법권을 가진다. 입법권을 가진 국회의원의 임기는 4년이며, 현재 국회의원의 재적은 300명이다. 300명 중에서 253명은 각 지역구에서 지역 주민들이 직접 선출한 지역구 의원들이고, 47명은 각 정당에서 얻은 득표 비율에 따라 배분한 비례대표들이다. 국회의원들은 현행범인 경우를 제외하고는 회기 중에 국회의 동의 없이 체포되지 않는 불체포특권이 있으며, 국회에서 직무상 행한 발언과 표결에 관해서 국회 외에서 책임을 지지 않는 면책특권이 있다. 국회의 주요한 권한에는 입법권과 함께 예산권, 행정부 및 사법부 견제 권한이 있다. 국회의원이나 정부에서 제출한 법률안은 재적의원 과반수의 출석과 출석의원 과반수의 찬성으로 효력을 가지는 법률이 된다. 그리고 국가의 예산안을 심의, 확정하는 권한을 가진다. 정부는 회계 연도마다 예산안을 편성하여 국회에 제출하고, 국회는 이를 의결한다.

국회가 가지는 행정부와 사법부에 대한 대표적인 견제 권한은 탄핵소추권이다. 대통령, 국무총리, 국무위원, 행정 각 부의 장, 법관 등이 직무집행에 있어서 헌법이나 법률을 위배한 때에는 탄핵을 소추할 수 있다. 탄핵소추는 국회재적의원 3분의 1 이상의 발의가 있어야 하며, 의결은 국회 재적의원 과반수의 찬성이 있어야 한다. 다만, 대통령에 대한 탄핵소추는 국회재적의원 과반수의 발의와 국회재적의원 3분의 2 이상의 찬성이 있어야 한다. 국회에서 탄핵 소추가 의결된 공직자는 헌법재판소의 판결에 의해 탄핵, 즉 파면된다.

8. 북한 사회에서의 법

북한 역시 남한과 마찬가지로 각종 법률이 존재하고, 형식적으로 볼 때 법으로 다스려지는 법치주의 국가이다. 법에 의한 처벌 수위는 범죄유형에 따라 다르다. 일반적으로 정치 분야의 범죄에 대한 처벌은 북한이 강한 반면, 경제 분야의 범죄에 대한 처벌은 남한이 강하다. 북한의 일반 주민들의 법 의식이 남한에 비해 약할 뿐만 아니라 준법의식도 낮다. 북한 주민들 사이에서 법적 문제가 발생했을 때 법원 등의 법률기관에 호소하기보다는 상호 간의 합의를 통해 해결하는 것을 선호한다. 개인이 법적 절차를 밟기 위해서는 과정이 복잡하고 그 과정에서 생각지도 않은 국가 기관의 간섭을 받기 때문에 법에 호소하는 것은 어쩔 수 없는 경우의 마지막 수단이라고 생각한다.

재판 역시 공정하게 진행된다고 보기 어렵다. 뇌물이 작용하기도 하고 변호사의 도움을 받지 못하는 경우가 많다. 그리고 수령의 교시와 당 정책에 의해 형벌 유무가 결정되기도 한다. 북한에서 범죄자들은 형이 확정된 후 상급법원으로 상소하는 것을 꺼려한다. 왜냐하면 상급법원으로 올라갈 경우, 더 큰 형을 받을 수 있기 때문이다.

북한은 조선로동당이 국가의 모든 부분을 지배하기 때문에 헌법의 지배를 관리하는 헌법재판소와 같은 기관이 없다.

북한에는 배심원제와 유사한 '인민 참심원' 제도가 있는데, 이 참심원들은 당에서 임명하며 참심원의 역할은 피고가 죄를 뉘우치도록 하는 데 있다.

북한에 변호사가 있긴 하지만, 돈을 받고 개인 사건의 변호를 맡는 경우는 매우 드물며 기업소 간 또는 단체 간의 분쟁이 있을 때 변호를 맡아서 분쟁 해결에 도움을 준다.

남한에서는 ──── **공정한 재판을 위한 제도**

열 명의 죄인을 놓치더라도 한 명의 억울한 사람을 만들어서는 안 된다는 말이 있다. 죄의 유무가 확실한 경우도 있지만 보는 관점에 따라서 재판의 결과가 불공하게 느껴지는 경우가 많다. 아무리 좋은 법이라고 할지라도 우리 생활 속의 모든 일을 판단하는 기준으로는 부족한 경우가 발생하기 마련이다. 따라서 심급 제도가 필요하다. 심급제도란 동일한 사건을 가지고 경우에 따라 지방법원, 고등법원, 대법원까지 총 세 번의 재판을 받을 수 있도록 하는 제도이다.

국선 변호인이라는 제도도 있다. 변호사를 고용하는 데 많은 돈이 들어가기 때문에, 가난한 사람은 변호인의 도움을 받지 못하는 경우가 생길 수도 있다. 변호사가 없다면 재판 과정에서 자기 방어가 힘들 수 있기 때문에 희망하면 무료로 국가에서 변호사를 선임하여 누구나 공정한 재판을 받을 수 있게 해 주는 제도이다.

한편 법 자체가 불공정한 경우도 있을 수 있다. 법도 사람이 만드는 것이라서 오류가 있을 수 있고, 시대가 변하면서 법 적용에서 문제가 발생할 수도 있다. 따라서 법률상 오류가 있는지에 대한 판단이 필요한 경우가 생기는데 이것을 판단하는 국가기관이 헌법재판소이다.

그 밖에도 재판의 결과와 과정을 공개하는 공개 재판의 원칙이나 재판의 과정에 일반 국민이 직접 배심원으로 참여하게 하는 국민 참여 재판 제도 등이 있다.

9. 북한의 현지 지도

북한에서 지도자의 현지 지도는 남한의 대통령 현장 방문과 비슷한 의미를 가진다. 하지만 현지 지도로 방문한 장소가 북한 당국이 현재 어디에 관심을 가지고 있는지를 나타내고, 현지 지도에서 동행한 인물이 북한 권력의 최측근에 있는 사람이라는 것을 알 수 있다는 점에서 차이가 있다.

북한은 계획 경제 체제이기 때문에 국가의 계획이 현장에서 어떻게 실현되고 있는지 그리고 현장의 문제점이 무엇인지를 지도자가 파악할 필요가 있다고 주장한다. 북한은 수령의 지위가 절대적이기 때문에 수령이 직접 현지에 내려가서 현장을 지도하는 것은 수령 김정은이 훌륭한 지도자라는 이미지를 만드는 데도 도움을 준다. 하지만 현지 지도 과정에서 여러 가지 문제가 발생하여 주민들에게 불편을 주는 등 불만의 원인이 되기도 한다.

북한에서는 김일성이 제시했다고 강조하는 농업 부분의 지도 방식인 청산리 방법 그리고 공업 부분의 지도방식인 대안의 사업 체계 등이 모두 현지 지도의 성과라고 선전한다.

북한의 현지 지도는 신문과 방송에서 중요하게 다루어진다. 김정은의 현지 지도 관련 기사들을 분석해 보면 김정은의 건강 상태나 관심사, 측근들의 근황까지 파악할 수 있다. 그리고 현지 지도에서 한 말은 그대로 정책으로 실현되고, 심한 경우에는 충성 경쟁이 벌어져서 인민들의 생활에 피해를 주기도 한다.

현지 지도에서 남긴 수령의 흔적들은 일종의 문화재처럼 그대로 보존된다. 김정은이 현지 지도에서 접촉한 주민들은 '접견자'

라고 불리며, 김정은이 현지 지도한 집이나 공장은 '사적건물(史的建物)'로 지정되어 그 지역의 명소로 관리된다.

남한에서는 ———

가장 권위 있는 최고법 – 헌법

남한의 정치체제에서 가장 권위가 있는 법은 헌법이다. 헌법은 법 중에서 가장 기본이 되는 법으로 최고법이라고 불린다. 헌법에는 국가 통치의 원칙, 조직, 국민의 기본권, 국가 전반에 대한 각 국가의 고유한 철학이 담긴다. 우리나라의 헌법은 1948년 7월 12일 제정되고, 7월 17일에 공포된 이후 총 9번의 개정이 있었다. 현행 헌법은 개정 국민투표를 거쳐 1987년 10월 29일에 공포되었다. 구체적으로 우리나라 헌법은 총 10장, 130조의 조항으로 구성되어 있다. 헌법 제1조에 "대한민국은 민주공화국"이라는 국가 정체가 명시되어 있고, 대통령, 행정 각부, 국회, 법원의 권한과 책임이 구체적으로 규정되어 있다. 지방자치, 선거관리, 경제, 헌법 개정에 대한 조항들도 있다.

남한의 헌법이 최고법의 지위를 가지는 반면, 북한은 사회주의 헌법 제11조에 "조선민주주의 인민공화국은 조선로동당의 령도 밑에 모든 활동을 진행한다"고 명시되어 있듯이 조선로동당이 헌법보다 상위에 있다.

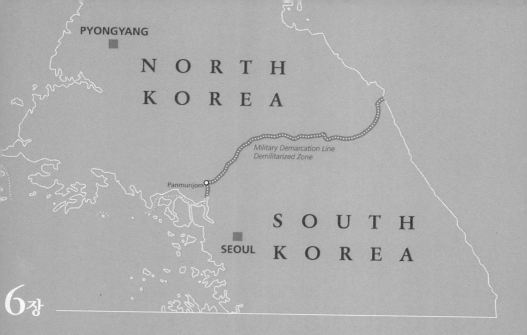

PYONGYANG

N O R T H
K O R E A

Military Demarcation Line
Demilitarized Zone

Panmunjom

S O U T H
SEOUL K O R E A

6장

직장과 시장생활 이야기

1. 북한에서의 직장배치

직장배치와 관련하여 북한 헌법 제70조에는 "공민은 노동에 대한 권리를 가진다. 노동 능력이 있는 모든 공민은 희망과 재능에 따라 직업을 선택하며 안정된 일자리와 노동조건을 보장받는다. 공민은 능력에 따라 일하며 노동의 양과 질에 따라 분배를 받는다"고 되어 있다. 그리고 사회주의 노동법 제5조에는 "모든 근로자들은 희망과 재능에 따라 직업을 선택하며 국가로부터 안정된 일자리와 노동조건을 보장 받는다"고 규정되어 있다.

북한에서 노동자들은 자신의 희망에 따라 자유롭게 직업과 직장을 선택하는 것이 아니라 국가가 노동력 배치 계획에 따라서 직업과 직장을 배정하는 형태로 개인의 직업과 직장이 정해진다.

직장배치는 국가계획위원회에서 노동계획을 통해 경제 각 부문에 필요한 노동자 인원수를 정하면 노동성에서 그것을 집행한다. 간부는 도, 시, 군 당 간부부에서 배치하며, 대상은 대학 졸업자, 사무원, 당성과 근로 성적이 우수한 자 등이다. 일반 노동자는 각 도, 시, 군 인민위원회 노동과에 의해 일률적으로 배치된다. 대부분의 북한 주민들은 성분 계급제도가 존재한다는 사실과 주변 사람들, 직장 동료들이 어떤 계층에 속하는지에 대해 서로 알고 있다. 북한 주민들은 학교를 졸업할 때나 군대, 대학 또는 직장배치를 받을 때 자신의 성분을 알게 된다. 최근 들어 직장배치 과정에서 뇌물이 일부 중요한 역할을 하고 있긴 하지만 절대적이지는 않다. 아무리 뇌물을 주어도 계층을 극복하기는 힘들기 때문이다.

북한의 직장배치에서 나타나는 중요한 특징 중 하나가 '무리배치'이다. 무리배치란 공장, 탄광 및 각종 건설 공사장과 작업장 등 노동력이 부족한 곳에 개인의 의사와 상관없이 국가의 지시에 의해 강제적, 일방적으로 노동자들이 집단 배치되는 것을 말한다.

북한 당국이 교통 및 기후조건 등으로 일반 주민들이 근무하기 싫어하는 산간 오지나 탄광, 광산지역에 제대군인들을 대규모로 배치하는 것은 사실 과거부터 이어져 온 일이다. 1998년 10월 김정일이 대홍단군을 방문했을 때 넓은 감자밭을 보고 그 자리에서 제대군인 천여 명을 보내주기로 약속했고, 그해 제대군인 천 명을 무리배치시켰다. 2009년 12월에도 김정일의 지시로 양강도 백암군에 감자농장을 건설하기로 하고 다음 해 8월경에 제대군인들을 무리배치했다.

무리배치는 제대군인들에게만 해당되는 것은 아니다. 고급중학교 졸업생들을 대상으로도 이루어진다. 노동강도가 높고 근무환경이 좋지 않은 공장에 한 지역의 고급중학교 졸업생들이 대거 배치되기도 한다. 평양방직공장 등이 여기에 해당한다.

이러한 무리배치는 사실상 본인의 의사에 상관없이 당국에서 일방적으로 취하는 강제적인 직장배치라고 할 수 있다. 이러한 무리배치를 피하기 위하여 인맥 또는 뇌물을 활용하는 일이 빈번하게 일어나고 있다.

남한에서는 ___ **남한의 실업 문제**

최근에 일자리 부족과 취업 문제가 사회적으로 큰 이슈가 되고 있다. 기업은 생산 공정을 자동화하고, 생산 원가를 낮추고자 생산 시설을 해외로 옮기거나, 인건비가 싼 외국인을 고용하는 경우가 많아졌다. 최근 경기 침체로 안정적인 일자리보다는 고용 상태가 유연한 일자리, 즉 파트타임이나 비정규직 일자리가 크게 늘고 있다. 일자리가 불안정해지면 결혼이나 출산에도 문제가 생기기 때문에 개인적으로나 국가적으로도 큰 문제가 아닐 수 없다.

한편, 안정된 일자리를 얻기 위한 노력과 경쟁이 갈수록 치열해지고 있다. 학생들은 취업에 유리하거나 안정적인 일자리를 얻는데 유리한 전공을 선호하고, 신분이 안정된 공무원, 교사나 고소득이 보장되는 의사나 법조인 등 특정 직업으로 지원이 몰리는 현상이 심해지고 있다.

2. 직장배치에 영향을 미치는 성분

북한에서의 직장배치는 개인의 능력이나 적성, 희망보다 당성 및 출신성분에 의해 이루어진다. 예를 들면, 지주 집안 출신, 월남자 가족 등 출신성분이 나쁜 학생들은 농장, 탄광 등의 육체적으로 힘든 직장에 배치되는 데 비해 출신성분이 좋은 당, 정 간부들의 자식들은 능력과 관계없이 좋은 직장에 배치된다. 그리고 일단 직장에 배치된 후 다른 직장으로 옮기는 것도 능력보다는 성분과 배경을 고려한 당의 결정으로 이루어지고 있다.

북한의 직장 선택에 가장 큰 영향을 미치는 것이 출신성분인데, 북한에서 모든 주민들의 출신성분은 3개 계층(핵심계층, 기본계층, 적대계층) 51개 분류로 세분화된다.

첫째 그룹인 핵심계층은 북한 전체 인구의 10~20%를 차지하며, 북한 체제를 이끌어가는 통치계급이다. 이 계층의 자녀들은 당 및 국가 요직이나 사법, 보안 기관들에 배치된다.

둘째 그룹인 기본계층은 60~70%로 대다수 인민이 이 계층에 속한다. 일반 노동자, 기술자, 농민, 사무원, 교원 및 그 가족, 재일본 조선인 귀화자를 중심으로 구성된다.

셋째 그룹인 적대계층(복잡군중)은 10~20%로 소위 불순분자, 반동분자로 낙인찍힌 사람들이다. 북한에서는 계층 간 이동이 거의 불가능하다. 그리고 계층에 따라 주거, 직업, 식량 접근권, 의료, 교육 및 기타 서비스에서 차별이 이루어진다.

3개 계층 51개 신분을 결정하는 것은 각 개인의 능력이나 자격이 아니라 아버지, (증조) 할아버지 세대의 정치적, 종교적 선택이다. 북한을 이끌어 가는 핵심계층과 북한에서 심각한 차별을 당하고 있는 적대계층에 대해서 살펴보면 다음과 같다.

핵심계층을 이루는 12개 분류에는 노동자와 그 가족, 해방 전 지주 또는 자본가에 고용된 사람과 그 가족, 머슴, 가난한 빈농, 일제 강점기 혁명 열사나 유가족(반일 투쟁에서 희생된 사람), 애국 열사 유가족(6·25 전쟁 당시 비전투원으로 희생된 사람), 혁명 인텔리(8.15 해방 이후 북한에서 양성된 사람과 그 가족), 6·25 전쟁 당시 피살된 가족, 6·25 전쟁 당시 전사자 가족, 군인가족(인민군 장교 및 군인의 가족), 군 복무 과정에 장애를 얻은 영예 군인 및 그의 가족이 해당한다.

적대계층을 이루는 22개 분류에는 부유한 농민, 상인, 기업가, 지주 또는 개인 재산을 완전히 몰수당한 사람, 친일 친미 행위한 사람, 반동 관료, 입북자(6·25 전쟁 당시 북한으로 끌려온 사람), 불교 신자, 천주교 신자, 조선로동당에서 출당받은 사람, 범죄로 직책에서 물러난 사람, 6·25 전쟁 당시 남한을 도운 사람, 체포 투옥된 사람의 가족, 간첩, 반당 반혁명 종파분자와 그 가족, 처단자와 그 가족, 출소자, 정치범, 조선로동당이 아닌 타 정당에 가담했던 사람, 개인 재산을 완전히 몰수당한 자본가 등이다.

북한 사회에서 성분은 주민들의 출생부터 진로 등 모든 사회적 활동에 결정적인 요인으로 작용한다. 좋은 성분에 해당하는 사람들은 군대(특히 엘리트 부대), 명문대학 및 조선로동당 및 사법기관에 들어갈 수 있는 데 반하여 나쁜 성분인 사람들은 상당수가 탄광이나 농촌에 배치받으며, 그들의 자손들은 대부분 고등교육에서 배제된다. 열심히 일하는 것, 개인의 능력, 개인의 정치적 충성심은 한 사람의 성분을 향상시킬 기회에 큰 영향을 미치지 못한다.

모든 주민의 개인 성분 정보는 주민등록종합시스템에 기록되어 있다. 보안 기관이 이 기록을 조직적으로 관리하고 있는데, 그 관리가 투명하지 않으며 성분의 결정에 대해 아무도 이의를 제기할 수 없다.

이러한 신분제도는 유지되고 있지만 조금씩 변화가 나타나고 있다.

1990년대 이후부터 주로 외화벌이와 관련된 직업들이 인기가 있다. 또한, 이 시기부터 트럭이나 택시를 운전하는 사람과 철도원의 인기가 높아졌다. 운송 수단이 제한되어 있어서 운전을 할 줄 안다는 것은 꽤 특별하고 유용한 기술에 속한다. 택시는 주로 대도시에서 외국인을 상대하기 때문에 외화를 벌 수 있는 직업이라 아무나 할 수 없다. 트럭 운전수나 철도원은 상업의 발달과 함께 크게 각광받는 직업이 되었다. 그 밖에도 중국산 전자 제품이 대거 들어오면서 전자 제품을 고칠 줄 아는 기술자의 인기가 크게 상승하고 있다.

남한에서는 ———— **남한 학생들의 진로**

남한에서는 직업 선택과 관련해서 거의 무한한 자유가 있다. 다만 원하는 직업을 얻기 위해서는 경쟁을 해야 한다. 남한 학생들에게 인기 있는 직업은 가수, 배우, 모델 같은 방송과 관련된 연예인, 프로게이머, 운동선수 등이다. 사회적 지위가 높고 돈을 많이 벌 수 있는 의사나 법조인도 인기가 있다. 최근에는 경제가 어려워지면서 오랫동안 안정적인 생활을 할 수 있는 교사나 공무원도 큰 인기를 얻고 있다.

자기가 정말 원하는 것이 무엇인지 모르겠다는 학생들도 많다. 따라서 많은 학생들이 공부를 하면서 자신의 꿈을 찾기 위해 고민하고 있고 학교에서도 학생들이 자신의 꿈을 찾을 수 있게 도와주고 있다. 최근에는 취업이 어렵기 때문에 일자리 문제로 고민을 하는 사람들이 크게 늘어나고 있는 것도 현실이다.

3. 직장 생활과 독보회

북한에는 공장, 기업소, 협동농장, 합영회사(외국과 연관된 기업소) 등이 있다. 개인소유의 기업은 없으며 최저임금제도, 노동조합도 없다. 노동조합이 없는 이유에 대해서 북한 당국은 모든 노동자가 직장의 주인이기 때문에 노동조합이 필요 없다고 설명한다.

북한에는 근로 계약 관계도 존재하지 않는다. 현재 배급제가 운영되지 않고 있으며, 일을 해도 일한 만큼 대가를 받지 못하고 있다. 하지만 직장에서 일하는 노동 그 자체가 사회주의 경제의 근간이기 때문에 직장에서 해고되지도 않고 직장을 자기 마음대로 그만둘 수도 없다. 북한에서는 직장이 단지 경제적인 목적을 실현하기 위한 곳이 아니라 인간 관계의 기본이고 정치적 평가의 시작점이기 때문이다. 따라서 직장은 일종의 소속감의 원천이면서 동시에 개인을 통제하는 기관이다. 노동자들이 직장을 옮기는 일이 거의 없기 때문에 직장 구성원 사이에는 끈끈한 인간 관계가 형성된다. 따라서 그 사람의 평판(정치적, 사회적 평가)은 더욱 중요한 의미를 가지게 된다.

기업 경영 역시 경제적인 효율성을 추구하는 전문 경영인의 판단이 아니라 당의 정책에 의해 이루어지기 때문에 효율적인 의사결정이 내려지지 않을 때가 많다. 개인이 열심히 일을 해도 합당한 대가를 얻지 못하기 때문에 동기 부여가 약하다. 예전에는 집단주의에 의한 도덕적 의무감이 강했지만 경제난 이후 도덕적 의무감이 많이 약해졌다.

노동자들은 주로 8시까지 직장에 출근한다. 관리자들은 8시 이전에 출근해서 노동자들에게 지시할 사항들을 검토한다. 북한 직장에는 별도로 청소를 하는 사람들이 배치되어 있지 않기 때문에 관리자도 직접 쓰레기통을 비우는 등 청소작업을 해야 한다. 당간부는 모든 생활에서 솔선수범하는 '이신작칙(以身作則: 실제 행동으로 모범을 보이는 것)'의 태도를 보여야 하지만, 실제로는 관료제의 비효율성이 드러나는 때가 많다.

직장 출근 후 첫 일과는 '독보회'이다. 독보회는 당정책과 시사 문제 등을 학습하는 모임이다. 독보회는 부서별로 30분 정도 진행된다. 각 기관, 단체 등에서 아침 독보회에 이어 조회를 간단히 한 뒤 작업을 시작한다. 독보회 자료는 상부에서 정해주거나 부서별로 선정한다. 노동신문 등 각종 신문이나 도서에 실린 조선로동당의 정책, 시사적 내용의 글들이 주요 자료로 이용된다. 독보회는 선동원이 진행한다. 선동원은 일반 직원들 중에서 직장 생활에 모범을 보이고 말을 잘하는 사람이 선발된다. 선동원 교육은 연 1~2회 군당위원회에서 진행하며 1년에 한 번씩 평양에서 전국 선동원 대회가 개최된다.

이러한 독보회 활동이 전 사회, 전 부문에 걸쳐 일상적으로 행해지고 있으며 북한 사회가 지향하는 집단주의적 사회질서를 강화시키는 역할을 한다. 건설장에 노력동원을 나갔을 때에는 작업을 시작하기에 앞서 현장에서 독보회를 갖기도 하며, 생산 현장인 공장과 농촌에서는 주로 휴식 시간을 이용해 독보회를 한다.

하지만 최근에는 평양이나 중앙기관 사무직을 제외하고 지방이나 생산직장 등에서는 예전에 비해 독보회가 제대로 실시되지 못하고 있다.

오전 업무와 작업은 8시 30분에 시작하여 12시까지 진행되고 12시부터 1시간 동안 점심시간을 가진다. 대부분 직장이 집에서 가까운 곳에 있어서 점심은 집에 가서 먹고 온다. 오후 업무와 작업은 5시 30분까지이며, 5시 30분이 되면 부서별로 모여서 30분간 사업총화를 실시한다. 사업총화란 하루 동안 달성한 실적을 보고하고 미비한 사항을 반성하며, 다음날 과업에 대해서 논의하는 회의이다.

과거에는 현물 계획(생산량 목표)을 얼마나 달성했는가를 평가했다면 최근에는 액상 계획(생산액 목표) 달성을 평가한다. 즉 실제 물건을 얼마나 생산했는가가 아니라 얼마만큼의 돈을 벌어들였는가가 공장, 기업소 경영활동의 평가 기준이 되고 있는 것이다. 이로 인해 기업소에 돈을 내고 출근을 하지 않는다거나 정해진 물건을 생산하지 않고 시장에 내다 팔 목적으로 '8.3 인민소비품' 생산에 열을 올리는 기업들도 있다.

한걸음 더 _____

8.3 인민소비품

김정일은 1984년 8월 3일 전국 각지에 있는 공장과 기업소 내에 가내 작업반을 조직하여 생산과정에서 나온 자투리 원료를 재가공해서 생활필수품을 생산하도록 지시하였다. 이렇게 생산된 제품을 '8.3 인민소비품'이라고 한다. 처음에는 정상적인 생산 활동 이후에 남은 원료로 8.3 인민소비품을 생산하였고, 여기에 동원되는 인원들도 가내 작업반이라 하여 가정주부, 노인이나 사무원 등이었다. 하지만 시간이 갈수록 8.3 인민소비품 생산에 기존 노동자들까지 참여하게 되었다. 그리고 국가 계획에 의해 처분되어야 할 8.3 인민소비품이 경제난 이후 장마당에서 일부 판매되고 있다.

북한에서는 임금이 월급으로 지불된다. 일당이라는 개념은 없으며, 월급이 아니라 "생활비"라고 부른다. 북한 사람들이 생활비를 받는 날은 대개 매달 마지막 날이며, 은행 통장에 입금되는 것이 아니라 현금으로 지급된다. 북한 일반 노동자들의 평균 월급은 북한 돈으로 2~3천 원 정도이다. 북한 시장에서 쌀 1kg이 5천 원에 거래되는 것을 감안하면 대부분의 노동자들은 한 달 월급으로 쌀 1kg도 살 수 없다. 그러나 그 2~3천 원마저도 본인 손에 들어오는 경우는 별로 없다. 애국지원비, 부의금, 축의금, 청년동맹비 등 이러저러한 부과금이 월급에서 공제된다. 공제되는 돈이 월급 액수를 초과하는 경우 개인이 돈을 더 내어야 히는 경우도 있다.

남한의 노동조건

남한의 노동법 제50조에 따르면 1주의 근로시간은 휴게시간을 제외하고 40시간을 초과할 수 없고, 1일의 근로시간은 휴게시간을 제외하고 8시간을 초과할 수 없다. 하지만 사용자는 취업할 당시의 계약에 따라 특정한 기간이나 특정한 날에는 조금 더 일을 시킬 수 있고, 초과한 노동량만큼 보수를 지불해야 한다.

하지만 현실적으로 이 노동시간이 잘 지켜지지 않는 경우가 많다. 야근이나 초과 근무가 너무 많아서 가정을 돌볼 시간이 부족한 경우도 있고, 자기 계발을 위한 시간이 부족한 경우도 많다. 그리고 보수보다 여가 시간을 더욱 중요하게 생각하는 젊은 층도 많다. 이로 인해 공적인 일을 우선시하는 정서를 가진 장년층과 개인시간을 중시하는 젊은 층 사이에 갈등이 유발되기도 한다.

2023년 최저 시급이 9620원으로 확정되었다. 월 노동시간을 209시간으로 계산하면 월급으로 201만 580원을 받아야 한다. 최저 임금제도는 저임금 노동자를 보호하기 위한 제도이다. 열심히 일하는 사람에게는 누구나 최소한의 생활 수준을 유지할 수 있도록 해 주자는 취지인 것이다.

참고: 최저임금위원회 홈페이지

이렇게 직장에서 제대로 월급을 받지 못하고 있음에도 불구하고 북한 주민들 특히 남자들은 직장에 빠짐없이 출근해야 한다. 직장의 허락 없이 출근하지 않으면 정치적, 사회적, 행정적 처벌을 받게 되기 때문이다. 북한 행정처벌법 제90조에는 노동자들의 '무직 건달행위(직장 없이 건달처럼 지내는 행위)'에 대한 처벌이 명시되어 있다. 이 조항에 의하면 6개월 이상 직장에 출근하지 않거나 1개월 이상 결근을 하는 경우에는 사안의 경중에 따라 3개월 이하 또는 그 이상의 노동교양 처벌을 받게 된다. 그리고 관리자가 상급 명령이나 지시를 제대로 수행하지 않는 경우 형법 규정에 따라 1년 이하의 노동단련형에 처해질 수도 있다.

한걸음 더 ——

북한의 형사처벌과 행정처벌

먼저 형사처벌을 살펴보면 북한 형법에 사형, 노동교화형, 노동단련형을 기본 형사처벌로 규정하고 있다. 사형은 범죄자의 육체적 생명을 박탈하는 최고의 형벌로서 18세 이상의 성인에게만 적용된다. 노동교화형은 교화소(남한의 교도소에 해당)에 넣어 노동을 시키는 형벌이다. 기간이 정해지지 않는 무기 노동교화형과 기간이 정해진 유기 노동교화형으로 구분되는데, 유기 노동교화형은 15년을 넘을 수 없다.

노동단련형은 범죄자를 교화소가 아닌 일정한 장소에 보내어 노동을 시키는 형벌이다. 노동교화형과 달리 노동단련형을 받는 범죄자는 시민권이 보장되며, 기간은 6개월에서 1년 사이로 1년을 넘을 수 없다. 그리고 형사처벌을 받은 기록이 남지 않는다.

행정처벌이란 형벌을 적용할 정도에 이르지 못한 위법행위를 한 기관, 기업소, 단체와 주민에게 지우는 행정적 제재를 말한다. 행정처벌에는 경고, 엄중경고, 무보수노동, 노동교양, 해임, 철직, 벌금, 변상, 몰수, 자격정지, 강등, 자격박탈 등 총 8가지 종류의 처벌이 있다. 이 중에서 간부들을 대상으로 노동 교양을 시키는 것을 혁명화 교육이라고 한다. 사상적으로 문제가 있는 간부들을 노동자로 강등시켜 노동 현장에서 일을 시키게 된다.

4. 휴가와 휴일

북한에는 월차나 연차라는 개념이 없다. 다만, 1년에 2주 정도 휴가를 낼 수 있다. 하지만 이마저도 일이 많으면 짧게는 4~5일 정도, 많아야 10일 정도밖에 사용할 수가 없다. 그리고 남한과 달리 주 6일 근무제이기 때문에 토요일도 정상적으로 업무를 수행한다.

1990년대 후반 '고난의 행군' 시기 식량 배급이 중단되면서부터는 휴가에 대한 개념이 아예 사라져 버렸다. 북한 주민들은 휴가철에 놀러 다니는 것이 아니라 장사를 하거나, 개인 텃밭 농사를 하거나 땔나무를 하러 다닌다. 휴가 외에 직장을 결근하는 경우 '사결(사적 결근)' 허가를 받아야 한다. 사결은 한 번에 3일 한도로 연간 7일간 받을 수 있다. 휴가와는 달리 사결을 받는 기간의 임금은 지불되지 않는다.

북한의 국가명절에는 김정일 생일(2월 16일), 군창건기념일(2월 8일), 국제부녀자절(국제 여성의 날: 3월 8일), 김일성 생일(4월 15일), 조선인민혁명군 창건일(4월 25일), 국제노동절(5월 1일), 전승기념일(7월 27일), 조국해방의 날(8월 15일), 정권창건일(9월 9일), 조선로동당 창건일(10월 10일), 헌법절(12월 27일) 등이 있다. 원래 군창건일은 4월 25일이었으나, 현재 4월 25일은 김일성이 항일 유격대를 조직한 날로 기념하고 있다. 가장 성대하게 기념하는 국가명절은 김일성 생일과 김정일 생일이다.

김일성의 생일인 4월 15일은 '4.15 명절'이라고 부르다가 1997년에 '태양절'로 명칭을 변경했다. 태양은 북한에서 김일성을 상징한다. 태양절에는 각종 전시회와 체육대회, 노래 모임, 주체사상 연구토론회, 사적지 참관, 결의대회 등의 행사가 열린다.

김정일 생일도 김정일이 사망한 다음 해인 2012년 '광명성절'로 지정되었다. '광명성절'은 '태양절'과 함께 북한에서 가장 큰 명절이다. 태양절과 마찬가지로 각종 전시회와 체육대회, 예술 공연, 주체사상 연구토론회, 김정일화 전시회 등의 행사가 열린다. 한편, 현재 북한의 최고 지도자인 김정은 국방위원장의 생일은 1월 8일인데 아직 기념일로 지정되지 않았다. 김정일의 생일이 국경일로 지정된 것이 김정일이 50세가 되던 1992년이었으니 1984년생인 김정은이 본인의 생일을 기념일로 지정하는 것은 아직 시기상조로 보인다. 하지만 언젠가 김정은의 생일도 국가명절로 지정될 것으로 예상된다.

민속 명절에는 신정(1월 1일), 구정(음력 1월 1일), 한식(4월 6일), 단오(음력 5월 5일), 추석(음력 8월 15일)이 있다. 민속 명절 중에서 남북한이 함께 공휴일로 보내는 절기는 구정과 추석이다. 구정은 음력 1월 1일이며, 남한에서는 설날이라고 부른다. 남한은 구정과 추석을 3일 연휴로 쉬지만, 북한은 2일간을 휴일로 보낸다.

북한에서는 한식(寒食: 차가운 밥) 때 여러 음식을 만들어 산소에 가져가서 제사를 지낸다. 한식의 유래는 두 가지로 알려져 있다. 하나는 고대의 종교적 의미로 매년 봄에 나라에서 '새 불(新火)'을 만들어 쓸 때 그에 앞서 어느 기간 동안 '묵은 불(舊火)'을 일체 금지하던 풍속에서 유래한 것으로 본다. 다른 하나는 '개자추 전설'을 그 유래로 보는 것이다. 춘추 시대 진(晉)나라에 문공이란 왕자가 있었는데, 아버지 왕이 죽고 나서 여러 나라를 떠돌아다녔다. 그때 문공의 신하 개자추(介子推)는 문공을 위해서 자신의 모든 것을 희생했다. 하지만 문공은 왕이 된 후 개자추를 까맣게 잊고 지내다가 오랜 시간이 흘러 개자추를 기억해 내고 개자추를 불러 벼슬을 주고자 했다. 하지만 산에 숨어 살고 있던 개자추는 그에게 은혜를 갚기 위해 산에서 내려오기를 권하는 문공의 요구를 듣지 않았다. 하는 수 없이 문공은 개자추를 산에서 나오도록 하기 위해 산에 불을 질렀는데, 개자추는 산에서 내려오지 않고 어머니와 함께 산에서 불타 죽었다. 문공은 너무 가슴이 아파 해마다 이날이 되면 불에 타 죽은 개자추의 충성심을 기리고자 불을 때지 말도록 명령하였다. 그로부터 한식날이 되면 개자추의 넋을 위로하고자 불을 지펴서 따끈한 밥을 해 먹지 않고 찬밥을 먹는다고 한다.

북한에서는 단오를 수릿날이라고 한다. 북한 평양방송의 설명에 의하면 수릿날이란 용어는 수릿날에 만들어 먹는 떡의 모양이 마치 수레바퀴 같다고 해서 생겨났다. 수릿날 즐겨 먹는 민족 음식으로는 쑥떡이 기본이며, 수리취떡, 설기떡, 앵두화채 등이 있다. 여성들은 이날 창포 삶은 물에 머리를 감고 목욕을 했으며, 창포 뿌리는 비녀로 사용했다고 한다. 수릿날에 부채를 만들어서 주변 사람들과 나누어 가지기도 하고, 가까운 사람들에게 기념으로 주는 풍습도 있었다. 단오절에 여자들은 그네뛰기를 하고, 남자들은 씨름 경기를 하며, 윷놀이, 널뛰기, 탈춤놀이 같은 것도 한다. 공휴일은 아니지만 전통 명절로 제사를 지내는 집도 있다.

북한의 공휴일

명칭	날짜(2023년 기준)
양력설	1.1
음력설	1.22
조선인민군 창건일	2.8
정월대보름	2.15
김정일 출생일(광명성절)	2.16
국제부녀절	3.8
청명(한식)	4.5
김일성 출생일(태양절)	4.15
조선인민혁명군 창건일	4.25
근로자의 날	5.1
조선소년단 창립절	6.6
정전협정 체결일 (조국해방전쟁 승리의 날)	7.27
광복절(조국해방의 날)	8.15
선군절(김정일 선군혁명영도 개시일)	8.25
정권수립일(공화국 창건일)	9.9
추석	9.29
조선로동당 창건일	10.10
어머니날	11.16
헌법절	12.27

자료: 국립 통일교육원, 『2023 북한 이해』

5. 북한의 레저생활

북한에서는 국가적인 휴일 외에 주말을 정기적으로 쉬는 문화가 없다. 주말에도 대부분의 공장, 기업소, 협동농장 종사자들은 휴식을 제대로 보장받지 못하고 있다. 주말에 휴식이 허용된다고 해도 학습회와 강연회 등의 체제 선전과 각종 교양 선전에 참석해야 한다.

북한에서 레저생활은 설날과 김일성, 김정일 부자의 생일날, 추석, 각 기관의 창립일, 공화국 창건일과 당 창건일 등 명절에만 가능하다. 명절의 공통된 풍경은 각 도시와 지역에 세워져 있는 김일성 부자의 동상에 찾아가 헌화하는 모습이다.

추석과 단오절에는 김일성 부자 동상에 헌화하지 않고 민속놀이를 즐긴다. 추석에는 혁명과 건설과정에서 당과 수령에게 충성을 다하는 과정에서 전사한 사람들을 기리는 교양이 강조되며, 단오절에는 타락한 음주가무 대신 건전한 민속을 강조하고 씨름과 그네뛰기 같은 전통 놀이를 권장한다.

레저생활은 가족 중심으로 진행되기보다는 단체 중심으로 이루어진다. 공장, 기업소 등 직장별로 레저를 즐기며 이 과정을 통해 집단주의 정신이 강화된다. 팀을 나누어 줄다리기, 씨름, 그네뛰기, 사람 찾기 등의 집단놀이가 대중화되어 있다.

그렇다고 해서 개인주의적 요소가 전혀 없는 것은 아니다. 무더운 여름날에는 틈을 내어 친구들과 이웃들, 가족들끼리 가까운 바다로 나가 해수욕을 즐기기도 하고, 산과 강에 가서 음식을 먹고 음악을 켜놓고 춤을 추는 일들도 흔히 볼 수 있다.

북한에서 사회주의적 생활양식에 어긋나지 않는 것은 특별히 비판 대상이 되지 않는다. 다만, 지나친 음주, 국적을 알 수 없는 이상한 음악을 틀어놓고 노래하면서 춤추는 행위들은 적발되거나 신고되면 단속되고, 직장과 소속 조직에서 대중 비판과 개별 비판을 받기도 한다. 겨울철에는 주로 윷놀이, 제기차기, 얼음판 위에서 발로 하키를 하거나 썰매를 타는 등 계절마다 나름의 여가를 즐긴다. 결혼을 앞둔 커플들은 김일성 부자의 동상을 찾아 사진을 찍거나 혁명전적지, 사적지 등의 기념물 앞에서 예식 사진을 찍기도 한다. 공장, 기업소별로 박물관이나 기념관을 단체로 방문하여 혁명교양을 강화하는 것이 북한의 일반적인 레저생활 풍경이다. 이 밖에도 강가에서 낚시를 하거나 잔디밭에서 낮잠을 자면서 쉬는 사람들을 볼 수도 있다.

한걸음 더 _____ **피서가 없는 휴가, 여행이 없는 사회**

휴가는 말 그대로 하는 일을 쉬고 재충전을 갖는 시간이다. 꼭 휴가가 아니더라도 주말이 되면 가족과 함께 야외로 나가서 놀다 오는 것은 남한에서 흔히 볼 수 있는 광경이다. 하지만 북한은 남한과 많이 다른 모습을 보인다.

북한에서는 우선 이동할 수 있는 수단이 별로 없다. 버스나 기차가 있지만 항상 좌석이 부족하다. 그나마 그것도 수시로 멈춰서기 때문에 어딘가를 간다는 것이 여간 부담스러운 것이 아니다. 연료 사정이 나빠서 목탄차라고 불리는 자동차, 즉 나무로 불을 피워서 나오는 가스로 움직이는 자동차가 있을 정도이다.

또한, 여가 시간이 많지 않다. 항상 집단 활동을 해야 하기 때문에 휴일이라고 해서 마냥 집에서 놀 수 없다. 그래서 휴가는 주로 제사, 결혼식, 김장 같은 집안일을 처리하기 위해 사용된다. 시설이 좋은 휴양소가 있기는 하지만 일반인이 이용하기는 어렵다.

그리고 버스나 기차를 이용하기 위해서는 '여행 증명서'가 필요하다. 여행 증명서 없이 여행하다가 적발되면 집결소에 수용되거나 노동단련대로 보내져서 10~15일간 강제 노동을 해야 한다. 여행 증명서는 각 지역의 인민위원회(남한의 시청, 구청에 해당)에서 발급하며, 여행 증명서에 기재된 기간과 목적지를 어겨서는 안 된다. 하지만 그나마도 쉽게 여행 허가가 떨어지지 않는다. 특히 평양과 국경 지역으로 들어가는 여행 증명서는 발급이 상당히 까다로운 것으로 알려져 있다. 따라서 개인적인 여행은 거의 없다. 학창 시절에 사적지 견학을 위한 여행이 평생의 추억거리로 남을 정도이다.

하지만 경제가 어려워지고 식량을 구하러 다니는 사람들이 많아지면서 이러한 규제가 약해지고 있다. 최근 들어 장거리 버스, 화물차들이 지역마다 운영되고 있으며, 이를 국가에서 운영하는 것이 아니라 지역의 기관, 기업소, 외화벌이 회사 등에서 자체로 운영하고 있다. 이들은 개인에게 돈을 받고 장거리를 이동시켜 주거나 상인들의 물품을 운송해주고 있다. 여행 증명서가 없어 단속되었다가도 뇌물을 주어 단속에서 풀려나는 등 사회 기강이 해이해지는 문제로까지 번지고 있다.

6. 북한의 시장

시장이란, 재화와 서비스의 수요와 공급이 만나서 가격이 결정되고 거래되는 장소 또는 메커니즘을 의미한다. '시장 경제 체제'는 북한과 같이 중앙 계획 당국에 의해서 자원이 배분되고 조정되는 사회주의 계획 경제와는 대비되는 개념이다. 하지만 북한에서는 '고난의 행군'을 겪으면서 공식적인 제도로 시장이 자리를 잡고 있다. 최근 들어 계획 경제의 장악력이 약화되고 시장 경제 영역이 확대되고 있다.

북한에서는 고난의 행군 이전에 공식적인 시장의 개념이 없었다. 다만 농산품을 판매하는 농민시장, 농촌시장만이 허용되었다. 이때까지의 시장은 텃밭에서 생산된 농작물이나 8.3 인민소비품을 팔 수 있는 정도의 규모가 작은 재래시장이었다. 몇몇 노점상이 모여앉아 판매 행위를 하는 정도였기 때문에 당의 방침에 의해 시장은 언제든 폐쇄될 수도 있었고, 남자나 젊은 여자가 판매 행위를 할 수도 없었다.

하지만 고난의 행군 이후 국가 계획 경제체제가 약화되면서 국가의 공급체계를 점차 시장이 대체해 나가게 되었다. 시장이 활성화된 이후에 출생한 세대를 장마당 세대라고 하는데, 이들은 기존의 배급을 경험했던 세대와 생활 태도나 사고방식에서 확연한 차이를 보이고 있다.

2003년부터 시장에서 농산품만이 아니라 공산품도 판매할 수 있게 되면서 시장을 정식으로 종합시장이라고 부르게 되었다. 종합시장에서는 시장가격으로 물품을 판매한다. 시장에서 주민들이 구입하고자 하는 물품의 공급은 세 단계로 이루어진다. 첫 번째 단계인 1차 공급자는 외국 상품 또는 국내 기업이나 농장에서 생산되는 물품을 직접 확보하는 공급자들이다. 여기에는 보따리장사, 소규모 수입업자 및 밀수업자, 화교 상인, 무역회사의 비공식적인 공급자, 사적인 제조업자 등이 포함된다. 두 번째 단계인 2차 공급자는 1차 공급자로부터 물품을 넘겨받아 최종 판매자에게 중개하는 중간상인들이다. 여기에는 1차 도매업자인 대량 도매업자와 소도매업자가 있다. 세 번째 단계인 3차 공급자는 직접 물품을 소비자들에게 판매하는 소매상인들이다.

시장에 대하여 부정적이었던 북한 당국도 고난의 행군을 거치면서 주민들의 생존을 해결할 수 없게 되자 시장을 허용해 주는 방향으로 정책을 변경시켰다. 1998년 공설시장을 허용했고, 2003년 종합시장을 인정했으며, 2007년에는 상점화 방침을 내놓았다. 이를 통해 북한의 종합시장은 일정규모와 형식을 갖추고 평양을 비롯하여 각 도, 시, 군에 한 개 이상 들어서게 되었는데, 전국적으로 420여 개에 이르는 것으로 파악되고 있다. 북한은 종합시장의 상인들을 대상으로 장세를 거둬들이고 있는데, 지방정부 운영에서 큰 몫을 차지하고 있다. 이와 함께 국영공장, 기업소와 같은 생산 단위들도 일정량의 상품을 시장에 판매할 수 있게 되었다. 최근 들어서는 개인이 기관에 정식으로 신청을 하고 일정 자금을 내면 국영상점도 운영할 수 있다.

김정은 집권 이후 시장은 더욱 활성화되었으며, 대표적인 북한의 종합시장에는 신의주 채하 종합시장, 평성 종합시장, 사리원 종합시장, 평양 통일거리 종합시장, 평양 중앙시장, 청진 수남 종합시장, 회령 종합시장이 있다. 이 중 평양 통일거리 종합시장은 2003년 8월에 개장한 북한의 대표적인 종합시장으로서 판매 건물이 3개 동이나 있고 주차장도 설치되어 있다.

7. 북한은 변화하고 있는가?

시장이 확대되면서 2000년 이후 북한 주민들 중에는 먹는 문제와 입는 문제를 넘어서 주거 문제에 관심을 기울일 정도로 생활 수준이 향상된 소비계층이 생겨났다. 북한 사회에서도 상당한 구매력을 가진 계층이 존재한다. 그리고 시장의 확대와 함께 빈부격차가 심화되고 있다. 시장에서는 국가가 정한 공급 가격이 아닌 수요와 공급에 의해 정해진 가격으로 물건이 거래된다. 국가 공급 가격으로 물건을 구입할 수 없기 때문에 시장의 비싼 물가를 따를 수밖에 없다. 게다가 인플레이션으로 인해 북한 화폐의 가치는 갈수록 떨어지고 있다. 일반적으로 생필품 가격이 오르면 수입이 정해진 봉급 생활자와 경제적 여유가 부족한 사람이 더 큰 고통을 겪는다. 북한의 경우 인민 대다수가 국가에서 주는 봉급으로는 생활이 불가능해졌고, 뇌물이나 시장의 상업활동에 더 크게 의존하게 되었다.

남한에서는 ———
인플레이션과 화폐가치의 하락

물가는 한마디로 물건의 가격이다. 시장에서 특정 물건의 가격은 그 물건을 사려고 하는 사람들이 희망하는 가격과 판매자가 팔고자 하는 가격이 서로 일치하는 지점에서 형성된다. 우리는 시장에서 판매자와 소비자가 서로 희망하는 가격을 이야기하고 일치하는 가격 지점을 찾아가는 흥정을 종종 보게 된다. 그런데 같은 물건이라도 사려고 하는 사람들이 증가할 경우 판매자는 그 물건의 가격을 올리게 된다. 반대로 물건을 사려고 하는 사람들이 감소할 경우 판매자는 물건의 가격을 내려서라도 물건을 판매하고자 한다. 판매자가 가격을 대폭 내리는 사례는 주로 그 물건을 당장 팔지 않으면 판매하기 어려워지는 경우이다.

그런데 여러 가지 이유로 물건의 가격이 지속적으로 상승하는 현상을 보게 되는데, 경제학에서는 이를 '인플레이션'이라고 한다. 인플레이션이란 경제 전반에 걸쳐 물가가 지속적으로 오르거나 화폐의 가치가 지속적으로 하락하는 현상을 말한다. 1970년대에 우리나라도 2차례의 석유파동을 경험했다. 중동 석유의 가격이 상승하면서 석유 관련 상품과 서비스의 가격이 덩달아 상승하기도 하였다. 물가가 계속해서 상승하게 되면 소비자는 필요한 물건을 제대로 구입할 수 없게 되고 한 나라의 경제는 어려움에 처할 수 있다. 물가가 오르면 봉급 생활자와 고정된 연금으로 생활하는 사람들이 더 크게 고통을 받는다. 특히 생필품 가격의 상승은 가난한 사람에게 더욱 큰 피해를 준다. 이러한 인플레이션을 해소시키기 위해서 정부가 나서게 된다. 주요 대책은 물가상승의 원인이 되는 핵심 물건의 가격을 안정시키는 방법과 무리한 임금 인상을 억제함으로써 수요를 감소시키는 방법 그리고 시중에 이자율을 조정하여 시중에 유통되는 돈의 양을 줄임으로써 물건의 가격을 안정시키는 방법 등이 있다.

한 가지 주목해야 할 점은 북한 시장에서 거래되는 물품을 구입하기 위해서는 북한 돈이 아니라 중국 위안화나 미국 달러가 필요하다는 것이다. 2009년 북한 당국의 화폐 개혁 이후 북한 돈에 대한 가치와 신뢰도가 하락하면서 북한 돈이 시장에서 사라지고 있다. 화폐 개혁으로 북한 돈의 가치가 떨어지자 북한 주민들이 점차 북한 당국을 신뢰하지 않게 된 것이다. 심지어 화폐개혁 당시 재래식 화장실에 김일성의 얼굴이 그려진 화폐가 대량으로 버려져 충격을 준 일도 있다.

중국 돈이 통용되기는 하지만 실제 은행에서 북한 돈이 중국 돈으로 환전되지는 않는다. 북한은 공식적으로 고정 환율 제도를 유지하고 있기 때문에 북한 은행에서 돈을 환전하려는 사람도 없다. 이는 달러도 마찬가지이다. 한 가지 주목할 것은 '돈주'라고 불리는 자본가의 등장이다. '돈주'는 차판장사(트럭에 상품을 싣고 이동하며 판매하는 형태), 부동산거래업자, 개인 환전상 등의 역할을 하는데, 시장을 통해 막대한 부를 축적하고 있다. 이들은 자본을 바탕으로 국가 기관에 막대한 뇌물을 바쳐서 국가 소속의 기업소를 개인의 것처럼 운영하기도 한다. 이러한 북한의 시장 확대는 이제 더 이상 막을 수 없는 것으로 보인다.

국가가 시장을 관리하고 있지만 '돈주'의 영향력은 갈수록 커지고 있다. 이제는 시장에 의존하지 않으면 당이나 보위기관의 구성원들도 생계를 유지하기 힘들다. 이러한 시장이 계속 성장해서 북한 경제를 좌우하게 되면 나중에는 체제를 위협할 수도 있다. 자본주의 요소로 비판을 받던 시장에 국가가 의존하게 되면 언젠가는 인민이 국가의 통제를 벗어날 수 있기 때문이다. 실제로 보안원이 시장을 통제하려 하자 상인들이 힘을 합쳐 저항하는 사례도 나타났다.

아직은 시장이 국가의 통제하에 있으며 국가도 시장을 이용하고 있다. 지역 인민위원회 상업과 소속의 시장 관리원이 시장 주민들을 관리하면서 시장 이용료를 걷고 있다. 하지만 시장의 확대는 장기적으로 북한 사회를 시장경제사회로 변화시키게 될 것이다.

8. 북한 시장 내 남한상품

코로나19로 북중국경이 폐쇄되기 전까지 북한과 중국 국경 지역에서 중국 상인들이 남한상품을 북한 상인들에게 판매하고, 그 대신 골동품, 각종 희귀금속, 해산물 등을 받아가는 밀수 행위를 했다.

2000년대 초반부터 북한의 도시와 농촌의 대규모 시장에 남한의 전기밥솥, 장화, 비옷, 각종 주방기기, 스킨, 로션 등의 화장품이 중국을 통하여 대대적으로 유입되었으며, 코로나19 이전에는 카카오톡을 주고받을 수 있는 휴대폰까지 유입되었다.

2005년경부터 시작된 남한의 식품과 간식거리에 대한 유입은 초코파이와 라면, 각종 조미료(후추, 소금, 미원, 고추장, 간장, 고추냉이)까지로 확대되었으며, 도시의 중산계층이 남한의 올리브유와 커피 등도 적극적으로 구입하는 추세로 이어지기도 했다.

한편, 2010년경부터 코로나19 전까지 그 이전에는 수요를 보이지 않던 남한의 랩, 힙합, 록음악 등의 인기 가요가 10~20대를 중심으로 확산되었으며, 30~40대들도 트로트에서 서정가요(발라드)로 취향이 변하는 현상을 볼 수 있었다. 개인이 몰래 남한 음악이나 드라마, 영화를 불법 복제하여 돈을 버는 경우도 있었다.

또한, 한국의 패션이 평양과 원산, 평성, 신의주, 함흥, 사리원, 해주, 청진, 남포, 혜산, 회령, 온성, 무산 등지로 확산되면서 한국산 원단과 청바지, 여성 의류 등이 중국을 통해서 대대적으로 유입되었다. 도시 지역에서 남한 스타일로 옷을 차려 입은 여성을 흔히 볼 수 있을 정도였다. 청바지를 입지 못하도록 단속하니 다른 색상의 물감을 들여 입는 청년들이 도시에서 나타나기도 했다.

야구 모자를 쓰고 멋을 내는 평양 소년들

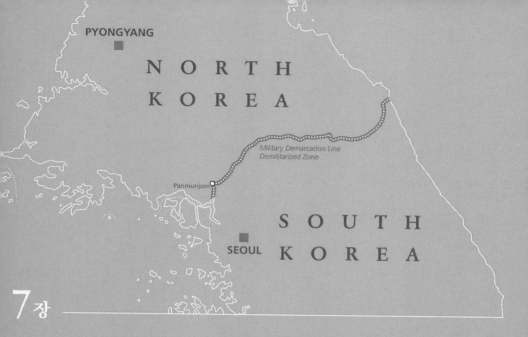

PYONGYANG

NORTH
KOREA

Military Demarcation Line
Demilitarized Zone

Panmunjom

SOUTH
KOREA

SEOUL

7장

북한 경제와 남북경제협력 이야기

분단 이후 남한은 시장 경제, 개방 경제 길을 선택했고 북한은 계획 경제, 폐쇄 경제의 길을 채택했다. 이후 70년 이상의 세월이 흐르면서 남한은 세계 10대 경제강국이 된 반면, 북한은 세계에서 가난한 나라 중 하나가 되었다. 하지만 북한에는 풍부한 지하자원과 손재주가 좋은 사람들이 살고 있다. 남북한이 경제 협력을 본격화해 나간다면 남북한 주민 모두 지금보다 훨씬 풍요로운 삶을 살 수 있을 것이다. 이제 우리가 잘 모르는 북한 경제 이야기를 하고자 한다.

1. 전후 복구 시기의 경제 개발 – 1953~1960년

　　6·25 전쟁으로 북한의 공업 시설과 경제 기반은 완전히 파괴되었다. 북한 지도부는 1953년 8월 조선로동당 중앙위원회 제6차 전원회의에서 전쟁으로 파괴된 국토를 복구하고 경제를 되살리기 위한 3단계 계획을 결정하였다. 1단계로 6개월에서 1년 정도 경제 복구를 위한 준비를 하고, 2단계로 3개년 계획 수행을 통해 전쟁 이전의 수준으로 경제를 회복하고, 3단계로 5개년 계획을 통해 공업을 발전시키자는 것이었다. 특히 중공업 분야의 발전이 가장 시급한 과제로 제시되었다. 이 회의에서 북한은 중공업을 우선적으로 발전시키면서 경공업과 농업을 동시에 발전시키기로 결정했다. 여기서 중공업의 발전은 국방산업의 발전과 연결되는 것이었다. 이에 대해 당시 생필품 부족으로 어려움을 겪고 있던 주민들은, "기계에서 밥이 나오는가?" 하면서 불만을 토로하기도 했다.

1단계인 전후 복구 준비단계 사업은 6개월 만에 끝났다. 2단계인 인민 경제 복구 3개년 계획은 목표를 훨씬 초과 달성했다. 1956년 공업 생산은 1953년에 비해 약 3배 증가하였고, 전쟁 이전과 비교해도 2배 증가했다. 하지만 중공업 분야에 치중한 경제 발전이어서 실제 주민의 생활은 개선되지 못했다.

이처럼 빠른 경제 성장이 가능했던 것은 자발적으로 복구 사업에 나선 주민의 희생이 있었기 때문이다. 그리고 당시 냉전 분위기 속에서 사회주의 국가들이 북한 경제를 적극적으로 지원해준 것도 큰 힘이 되었다. 사회주의 국가들은 북한에 무상원조나 차관은 물론이고 기술자를 파견하여 선진 기술을 전수해 주었다. 소련, 중국, 동독과 체코, 폴란드, 헝가리 같은 동유럽 국가들이 북한을 적극적으로 도우면서 북한 경제는 빠르게 회복할 수 있었다.

1954년 조선로동당 중앙위원회 전원회의의 결정으로 농업 협동화 운동이 본격 추진되었다. 이 당시만 해도 농업 협동화에 대한 반발이 있었기 때문에 세 가지 형태의 농업 협동화가 제시되었다. 첫 번째는 토지를 합치지 않고 작업만 함께하는 것이었다. 두 번째는 농민 각자가 토지소유권을 갖되 이 토지를 출자하여 합치고 함께 작업하는 방식이었다. 이 경우 출자한 토지에 따라 생산물이 분배되었다. 세 번째는 토지를 비롯한 생산수단을 모두 합치고 오직 노동에 의해서만 생산물을 분배하는 완전한 사회주의 형태였다. 1954년에는 세 번째 방식에 참여하는 농가가 전체 농가의 1/3 정도밖에 되지 않았지만, 1958년에는 모든 농가가 여기에 참여하게 되었다.

대중동원의 시작 - 천리마 운동

6·25 전쟁이 끝나고 4년이 지난 1957년부터 '천리마 운동'이 본격 추진되었다. '천리마'란 하룻밤 사이에 천리(약 400km)를 달리는 빠른 말을 의미한다. 그만큼 빨리, 열심히 일하라는 것이다. 천리마 운동은 주민들의 의식 개혁을 통한 집단적 혁신을 이루어 5개년 계획을 성과적으로 달성하기 위해 벌인 운동이었다. 북한이 천리마 운동을 추진하게 된 배경은 이렇다.

소련과 중국이 점차 원조를 줄이는 시점과 겹치면서 5개년 계획 수행이 첫해부터 순조롭지 않았다. 따라서 북한으로서는 천리마 운동을 벌여서 최대한 주민의 노동력을 동원할 필요가 있었다. 이때부터 북한은 자급자족 경제를 추구했다. 그러자면 간부들이 솔선수범하여 노동에 참여하고, 인민을 이끌어야 했다. 철강과 석탄 생산을 늘리는 한편 기초적인 설비가 부족해도 수입할 수 있는 길이 없었기 때문에 낡은 기계를 분해하여 똑같이 만드는 방식을 통해 기술을 스스로 익혔다. 대중을 열정적으로 끌어들이기 위해 정치 사상의 교양과 선전·선동에 당의 역량이 집중되었다. 많은 노동자들에게 영웅 칭호를 주었고, 물질적인 자극보다 희생정신과 노동자의 명예를 강조했다. 천리마 운동으로 5개년 계획은 비교적 성공적으로 진행될 수 있었다.

2. 북한식 경제 개발의 추구 - 1961~1970년

1961년까지 북한의 전후 복구 계획은 어느 정도 성공적으로 진행되었다. 북한으로서는 자신감을 가질 정도의 성과이기도 했다. 이를 바탕으로 북한 당국은 1961년부터 경제발전을 위한 7개년 계획(1961~1970)을 제시하였는데, 공업화를 통해 인민 경제의 수준도 획기적으로 향상시키겠다는 계획이었다. 이때부터 북한에서는 경제 부문에 대한 당의 통제가 본격화되었다.

경제 부문에 대한 당의 통제가 가장 잘 드러나는 것은 '청산리 방법'과 '대안의 사업체계'이다. 청산리 방법은 당이 군중 위에 있는 것이 아니라 군중을 위해 일하고, 군중을 끊임없이 교양, 개조하여 공산주의로 발전시키자는 것이었다. '윗사람이 아랫사람을 도와주고 늘 현지에 내려가 실정을 깊이 살피고, 사람과의 사업에 중점을 두라'는 것이었다. '대안의 사업체계'는 공장 지배인한 사람이 공장 운영을 책임지는 것이 아니라 공장 안에 있는 조선로동당위원회가 주인이 되어 공장을 운영하는 방식이다.

하지만 이처럼 당이 경제와 생산을 관리하고 통제함으로써 비효율성이 증대되었다. 그 이유는 당 일군이 생산이나 경제 분야의 전문가가 아니기 때문이다. 비전문가가 정치적인 이유로 전문가들의 행동을 제한하는 셈이었다. 이때부터 북한은 당의 지도를 충실히 따르면 모든 인민들이 쌀밥에 고깃국을 먹으며 좋은 옷을 입고 기와집에 살게 될 것이라고 선전했다. 하지만 그 목표는 2023년 현재까지도 달성하지 못하고 있다. 국방비에 대한 부담은 지나치게 늘어났고, 소련과 중국의 대립 속에 북한 경제는 점차 고립되어 갔다. 7개년 계획은 원래 1967년에 끝나야 했지만 결국 1970년에 가서야 마무리되었다.

3. 자력 경제 발전의 성공과 실패 - 1971~1986년

북한은 경제 성장을 지속시키기 위해서 인민경제계획 6개년 계획(1971~1976)을 발표하였다. 중공업과 경공업 노동자의 차이, 농부와 공업 노동자의 차이를 줄이고, 여성을 가사 노동 부담에서 벗어나게 하는 것을 내용으로 하는 3대 기술 혁명 과업이 제시되었다. 지속적인 선전·선동, 집단 경쟁을 통해 6개년 계획 역시 적지 않은 성과를 거둘 수 있었다.

이후 북한은 1978년부터 제2차 7개년 계획(1978~1984)에 착수하였다. 인민 경제의 주체화, 현대화, 과학화를 내세워 사회주의의 토대를 더욱 강화하는 것이 목표였다. 주체화는 외국의 원조가 아닌 자국의 자원과 기술을 이용하여 경제를 발전시키는 것이고, 현대화는 선진 기술로 기술 수준을 높이는 것이다. 과학화는 과학 기술을 발전시켜 생산 수준을 더욱 향상시키자는 것이다. 하지만 주체화를 추구하면서 현대화를 이룩하자는 것은 모순이었다. 외국의 자본과 선진기술의 도입 없이 폐쇄적인 자력 갱생으로 현대화와 과학화를 이룩하는 것은 불가능한 것이기 때문이었다.

주민 생활에 필요한 물품을 생산하는 경공업 대신에 기계류의 중공업 발전에 초점을 맞춤으로써 주민들의 생활필수품이 부족해졌다. 이를 해결하기 위해서 1984년 김정일의 지시로 8.3 인민소비품 운동이 전개되었는데, 이는 공장, 기업소의 생산과정에서 나온 자투리들을 모아서 생필품들을 만들어 주민들의 생필품 부족을 해결하도록 한 것이었다. 이 운동에 일반 공장, 기업소는 물론이고 국방산업체들도 참여했다.

1970년대에 북한은 외국 장비와 기술을 사들이는 데 필요한 돈을 일본, 프랑스 등 서방국가를 비롯하여 세계 여러 나라에서 빌렸다. 그런데 두 차례에 걸친 석유 파동으로 원유 가격이 상승하고 북한의 주요 자원의 가격이 폭락하면서 외국에서 빌린 돈을 갚지 못하는 상황에 직면했다. 이를 극복하기 위해 북한은 외부

금융기관과 기업들이 북한에 직접 투자할 수 있도록 1984년에 '합영법'을 제정하였다. 이를 통해 합영회사가 설립되기는 하였지만, 외국 빚을 제대로 갚지 못하는 북한에 관심을 가지고 적극적으로 투자할 외국 금융기관과 기업이 그리 많지는 않았다. 일본에 있는 친북 단체인 조총련이 북한 정권의 요청을 받고 북한에 합영회사를 여러 개 설립했다. 하지만 합영회사들에 대한 북한 조선로동당의 통제와 간섭으로 큰 성과를 내지는 못했다.

한걸음 더 ——— **3대 혁명 소조 운동**

> 3대 혁명이란 사상 혁명, 기술 혁명, 문화 혁명을 말한다. 북한은 사상을 혁명하여 주민들의 의식을 개조하고, 기술을 혁명하여 자연을 개조하며, 문화를 혁명하여 사회를 개조하려고 했다. 1970년대 초 김정일의 등장과 함께 대학생이나 젊은 당 일군, 과학자, 기술자 등으로 구성된 혁명 소조원들을 각급 생산단위와, 행정기관, 문화기관, 학교에 파견했다. 3대 혁명 소조원들은 새로운 생산 기술 발명, 근로자들의 문화 수준 향상 그리고 간부들의 비리 적발 및 보고 등의 역할을 수행했다. 이들의 활동은 김정일의 후계체제 구축에 상당히 기여한 것으로 평가된다.

4. 북한 경제의 몰락과 고난의 행군 - 1987~2001년

북한 당국은 1987년에 경제회복의 청사진을 제시하면서 제3차 7개년 계획(1987~2001)을 발표하였다. 하지만 2년 후인 1989년에 김정일의 주도로 개최된 '평양 세계청년학생축전'이 엄청난 적자를 남긴 채 마감되면서 북한 경제는 급속도로 악화되기 시작했다. 전반적인 생필품 공급량이 하락하여 북한 주민들은 만성적인 물자 부족에 시달렸고 생활의 질이 떨어지기 시작했다. 결국 과중한 국방비 부담, 당 지배의 비효율성, 고립 경제로 인한 자원 부족, 낙후된 기술 수준 등으로 북한 경제는 서서히 몰락해 가기 시작했다.

1990년대 들어와 북한의 지원 세력이었던 소련이 붕괴되고 동유럽이 자유화되면서 미국 중심의 세계질서가 만들어졌고, 1994년에는 김일성이 사망하였다. 1993년 12월 북한 당국은 3차 7개년 계획의 실패를 인정했다. 북한은 농업 제일주의, 경공업 제일주의, 무역 제일주의를 내세우면서 많은 노력을 했지만 이미 위기를 벗어나기는 어려웠다. 심지어 1995년과 1996년에는 대홍수가 발생했고, 1997년에는 심각한 가뭄이 이어졌다. 주민들에 대한 식량배급이 중단되면서, 먹을 것을 구하지 못한 많은 사람들이 굶주림에 시달렸다. 통계를 발표하는 기관에 따라 다소 차이가 있지만, 최소 50만 내지 100만 명 이상이 이 기간 동안 식량부족으로 인해 사망한 것으로 추정된다. 석유를 비롯한 에너지도 부족하여 만성적인 전력난에 시달렸으며, 의료와 교육 체제도 사실상 마비되었다. 식량을 구하기 위해 중국으로 탈출하는 북한 주민들의 숫자가 매년 증가하기도 했다. 북한은 이 시기를 '고난의 행군'이라고 불렀다. 북한 당국은 해결 대책으로 선군정치, 사회주의 강성대국론을 내세웠지만 눈에 띄는 성과를 거두지는 못했다.

이 시기에 남한 김대중 정부는 대북 유화정책인 햇볕 정책을 채택했다. 남북정상회담을 거치면서 남한은 북한에게 가장 중요한 경제 파트너가 되는 것처럼 보였다. 하지만 이후 북한의 연이은 핵실험과 미사일 발사, 서해 교전 등으로 인해 남북 관계가 다시 냉각되었다.

5. 경제 개혁 시도와 이중 경제 – 2002~2008년

북한 당국이 2002년 7월 1일에 발표한 '경제 관리 개선 조치'는 시장 경제 성격의 경제관리를 통해 생산을 증대시키고 공급을 원활히 하기 위한 조치였다. 이 조치는 재화와 용역에 대한 가격 체계에 변화를 주고, 생산을 늘리기 위해 각종 인센티브를 제공하고 월급을 인상한다는 내용을 담고 있었다. 이 조치로 배급제는 사실상 폐지되었고, 각 기업소와 공장들은 어느 정도 자율권을 가지고 초과 생산량에 한해서 처분권을 가질 수 있었다. 북한 지도부 역시 북한 경제의 구조적인 한계를 인식하고 있다는 것을 보여준 조치였다.

경제난 이후 암시장이 발달하고 7.1 조치 이후 허용된 종합시장으로 인해 북한의 계획 경제는 공식적인 부문보다 비공식적인 부문이 확대되는 현상을 보이게 되었다. 이제는 국영기업소와 기관들까지 불법이나 편법을 동원하여 개별적인 부를 축적하는 현상이 나타나고 있다. 배급제가 무너지면서 주민들도 더 이상 당을 신뢰하지 못하고 비공식 경제 활동을 통해 스스로 생계를 책임지려는 현상이 확대되고 있다.

북한 당국도 7.1조치 이후 2002년 9월에 신의주 행정특구, 10월 개성공업지구, 11월 금강산 관광지구를 지정하여 대외 개방을 시도하려 했다. 현재 이러한 시도들은 대부분 제대로 실현되지 못하고 있지만, 북한의 "세계 속에 조선이 있다"라는 구호에서 알 수 있듯이 대외 개방에 여전히 관심을 가지고 있다.

북한 당국은 민간경제를 관리하는 제1경제위원회와 국방경제를 총괄하는 제2경제위원회로 이원화하여 경제를 운영하고 있다. 이 시기 북한은 국방사업에 국가 재정의 많은 부분을 투자함으로써 민간경제가 많은 어려움을 겪었다. 경제난 이후 군 내부에서도 식량과 생필품에 대한 자급자족이 강조되고 있다.

6. 북한 경제는 어디로? - 2009~현재

7.1 조치 이후 북한 당국이 의도한 것과는 다르게 시장 경제가 점차 확산되고 있다. 시장 경제 확산을 우려한 김정일 정권은 2005년 10월에 개인 경제 활동을 규제하기도 했고, 2009년 11월에는 화폐 교환 조치를 통해 국가 재정난을 해소하고 중앙집권적 계획 경제를 복원하려는 시도도 했다.

하지만 화폐 개혁 조치는 주민들의 반발을 샀으며, 종합 시장 내에서 중국 화폐(위안화)가 북한 화폐를 대체하기 시작했다. 북한의 국가 정책이 인민들의 신뢰를 잃어버린 것이다. 물론 아직까지는 어느 정도 북한 당국이 시장에 대한 지배력을 가지고 있으며, 이를 이용하여 경제 위기를 벗어나려는 시도가 계속되고 있다. 하지만 시장 경제의 성장은 북한 체제의 위협이 될 것이 분명하기 때문에 어느 시점에서 북한 당국은 시장을 규제하고 통제하는 정책을 시행할 것이다.

북한은 현재의 경제 위기가 미국이 북한을 경제적으로 고립시킨 결과라고 주민들에게 선전한다. 핵보유국으로서의 지위를 인정받고 나면 군사적인 체제 위협이 사라지고 경제적으로도 투자의 여유가 생길 거라고 기대하고 있다. 이러한 판단에 기초하여 김정은이 제시한 노선이 '경제 건설과 핵무력 건설 병진노선'이다. 하지만 이 병진 노선의 결과로 국제 사회의 경제 제재가 강화되고 있다. 그리고 북한의 핵 개발은 국제 사회의 원조와 대외 교역을 감소시켜 주민들의 생활을 어렵게 만들고 있다. 김정은 정권이 핵과 미사일을 포기하고 국제 사회의 정상적인 일원으로 복귀해야 북한 경제가 회복의 길로 들어설 수 있고, 북한 주민들의 생활수준도 향상될 수 있을 것이다.

2011년에 집권한 김정은 정권은 중국의 경제특구 정책을 모방해서 2013년 '경제개발구법'을 제정하였고, 2021년까지 중앙급 경제개발구 10개와 지방급 경제개발구 19개를 설치하였다. 여기에는 공업개발구 4개, 농업개발구 3개, 관광개발구 6개, 수출가공구 4개, 첨단기술개발구 1개가 포함된다. 경제개발구에서는 외국인들의 투자와 합작이 매우 쉽게 이루어질 수 있다. 하지만 북한의 핵실험으로 국제사회가 제재를 가하고 있는 상황이기에 경제개발구가 활성화되지 못하고 있다.

7. 북한의 대외 교역

현대경제연구원의 자료에 의하면 1995년부터 20년간 북한의 대외 교역은 연평균 5.1% 증가했으며, 2015년의 교역액은 1995

년에 비해 약 3.3배가 증가하여 약 90억 달러 수준이었고 무역수지 적자는 약 7억 달러에 달했다. 1990년대 고난의 행군 이후 북한의 산업이 크게 위축되면서 북한 경제의 절반 이상이 대외 교역에 의존하고 있다. 북한은 주로 1차 산업 제품을 위주로 수출하고 기계장비나 원자재를 수입하는 후진국형 교역 구조를 벗어나지 못하고 있다.

1991~2004년 사이 북한의 일본과 중국에 대한 무역 의존도는 약 50%를 차지했다. 특히 1995년에 북한의 일본 교역 의존도가 25.4%를 차지할 정도로 높을 수치를 기록했다. 하지만 1998년 북한의 대포동 미사일 발사와 2002년 일본인 납치 문제 등으로 인해 일본과의 교역이 점차 감소하기 시작했으며, 2006년 북한의 1차 핵실험 이후 북일 간 교역은 완전히 중단되었다. 2005~2008년 사이에는 남북 교역이 크게 확대되기도 했다. 특히 1998년 남한의 김대중 정부 출범 이후 남북 교역은 지속적으로 확대되었는데, 1998년에 13.3%에 불과했던 남한에 대한 교역 의존도가 2005년에는 26%로 증가했다. 하지만 2008년부터 남북 교역이 위축되면서 중국에 대한 의존도가 급상승했다. 2012~2015년 70%였던 북한의 대중국 무역 의존도는 2016~2021년 93%로 높아졌다.

코트라에서 발표한 자료에 의하면 2021년 북한의 대외무역 규모는 90년부터 조사가 시작된 이래 최저치를 기록했다. UN의 대북 제재와 코로나19의 영향으로 국경이 봉쇄되면서 수출은 8200만 달러, 수입은 6.3억 달러를 기록했다. 주요 교역국으로는 중국, 베트남, 인도, 태국 등 아시아 국가들이 주를 이루는데, 에티오피아, 모잠비크, 나이지리아, 탄자니아 등의 아프리카 국가들과도 교역 규모를 늘리고 있다.

전체 인민이 일치단결하여

일심단결

자력갱생

경제건설과 방역대전에서 승리를 이룩하자!

코로나 방역과 경제 발전 모두 목표를 달성하자는 선전화

출처: 조선중앙통신

남한에서는 ———

남한의 대외 무역

남한은 일찍부터 국가가 직접 나서서 수출주도형 산업 구조를 만들었다. 해방 이후 남한은 자원이 부족했을 뿐만 아니라 변변한 기술도 없었다. 남한 정부는 국가 주도 경제계획을 추진하면서 대기업을 육성하고, 수출을 확대하면서 자본을 축적해 나갔다. 하지만 이 과정에서 소득 분배 불균형, 지역 불균형, 산업 구조 불균형 등의 부작용이 생겼다. 게다가 개방적인 산업 구조로 인해 해외의 경제환경 변화에 민감한 반응을 보이게 되었다. 우리나라는 이러한 문제들을 극복하는 한편, 자유무역협정이나 세계무역기구를 통해 끊임없이 다른 나라와 교역을 확대해 나가고 있다.

현재 남한의 주요 수출 품목은 반도체, 선박, 자동차, 석유화학 제품, 자동차부품, 무선통신기기, 컴퓨터, 철강, 평판 디스플레이 등이 있다. 주요 수입 품목에는 원유, 반도체 제조 장비, 천연가스, 석탄, 자동차, 정밀 화학 원료, 무선통신 기기 등이 있다.

미국, 중국, 일본, 유럽 연합, 베트남 등 다양한 국가들과 교역하고 있는데, 전 세계 240여 국과 무역관계를 맺고 있다.

8. 남북한 경제협력(남북경협)

남북경협은 민족 내부 간 거래로 간주되어 통상적인 국가 간 무역과는 달리 수출과 수입이라고 하지 않고 '반출'과 '반입'이라고 하며, 이를 '남북교역'이라고 통칭한다. 남북교역은 위탁 가공무역 또는 임가공이라 불리는 방식이 주를 이룬다. 즉 남한이 북한에 원자재를 제공하면, 북한은 값싼 노동력과 남한에서 제공하는 기술을 이용해 원료를 가공한 후 제품을 남한으로 수출하는 방식이다. 다른 경제협력 방식에는 투자 협력 사업이 있는데 여기에는 금강산·개성관광, 개성 공단 사업, 평양의 평화 자동차 등이 해당한다.

(1) 금강산, 개성 관광

1998년 10월 현대그룹 정주영 회장이 소 501마리를 싣고 북한을 방문했다. 이 방문에서 정주영 회장은 김정일과 면담했고, 그 자리에서 김정일은 현대그룹에 금강산 관광 독점 개발권을 약속했다. 이 약속에 따라 1998년 11월 18일 금강산 관광이 시작되었다. 처음에는 해상으로 관광이 이루어졌지만, 2003년 9월부터 육로 관광이 가능해졌다. 금강산 관광은 2008년까지 누적 관광객이 193만 명을 기록하는 등 전 국민의 관심을 받았다.

그러나 2008년 7월 11일 북한군의 총격으로 남한 관광객 박왕자 씨가 사망하는 사건이 발생하면서 금강산 관광은 잠정 중단되었다. 이후 북한은 금강산 지구 내 남한 재산을 몰수하였고, 2011년에는 남한 체류 인원을 전원 추방하였다.

개성 관광은 2005년 세 차례의 시범 관광 이후 2007년부터 시작되었다. 2008년까지는 누적 관광객이 11만 명에 이르렀지만, 북한의 일방적인 조치로 2008년에 중단되었다.

(2) 개성 공단 사업

2000년 8월 현대아산 정몽헌 회장이 북한을 방문하여 김정일과 면담했다. 그 자리에서 김정일은 정몽헌 회장에게 개성에 공단을 만들어 볼 것을 제안했다. 이 제안에 따라 2000년 8월 22일 북한 '조선 아시아 태평양 평화 위원회(약칭 아태)'와 현대아산이 개성 공단 개발합의서에 서명했다. 그리고 2002년 최고인민회의 상임위원회에서 '개성공업지구법'이 제정되었다. 2003년 6월 30일 착공식을 시작으로 2007년 10월 1단계 기반 시설이 완공되었다. 2008~2009년 사이에 약 9개월간 통행 제한 조치가 있었지만, 대체로 개성 공단은 성공적으로 운영되었다.

2010년 3월 천안함 폭침 사건으로 인해 이명박 정부는 5.24 대북 조치를 발표하였다. 이에 따라 개성 공단에 대한 신규 진출과 투자 확대가 금지되었고 체류 인원도 축소 조정되었다. 그리고 2010년 11월 연평도 포격 당시에 체류 인원이 일시 철수하기도 했다. 2013년 4월 3일 북한은 일방적으로 개성 공단 입출경을 중단하고 군 통신선을 차단하였으며, 4월 9일에는 북한 근로자를 전면 철수시켜 공단의 가동이 중단되기도 하였다. 이러한 어려움 속에서도 2016년 2월까지 개성 공단에 총 124개 기업이 진출하여 54,763명의 북한 근로자를 고용했으며, 연평균 5억 달러의 상품을 생산했다.

2016년 2월 10일 박근혜 정부는 북한의 4차 핵실험(2016.1.6.)과 장거리 로켓 발사(2016. 2. 7.) 문제를 제기하며 개성 공단 사업 전면 중단을 선언했다. 그 다음날인 2월 11일 북한은 개성 공단 폐쇄와 남측 종사자 추방을 선포했다.

남북교역액 현황

(단위: 백만 불)

연도	09	10	11	12	13	14	15	16	17	18	19	20	21
반입	934	1,044	914	1,074	615	1,206	1,452	186	0	11	0	0	0
반출	745	868	800	897	521	1,136	1,262	147	1	21	7	4	1
계	1,679	1,912	1,714	1,971	1,136	2,343	2,714	333	1	31	7	4	1

자료: 통일부 홈페이지

9. 중국 의존 심화

중국은 북한의 유일한 동맹국으로서 북한이 그나마 의지할 수 있는 경제 파트너 국가이다. 북중 무역이 증가하는 이유 중 하나는 경제 성장으로 원자재가 필요한 중국에 북한의 각종 천연자원이 수출되기 때문이다. 북한의 7.1 조치로 중국 자본의 북한 진출이 쉬워졌고, 북한의 종합시장 확대로 중국 제품이 북한으로 많이 수출될 수 있게 되었다. 북한의 거듭된 핵실험과 장거리 미사일 발사 그리고 군사적 도발로 인해 남북경협이 중단되고 국제 제재가 강화되면서 북한의 중국무역 의존도는 지속적으로 심화되고 있다. 이는 대한무역투자진흥공사의 통계 수치를 통해 확인할 수 있다. 2000~2015년 사이 16년 동안 북한과 중국의 교역은 약 12배 증가했고(2000년 4.8억 달러 → 2015년 57.1억 달러), 중국에 대한 교역 의존도 역시 3배 이상 커졌다(2000년 24.4% → 2015년 91.3%). 한편, 통계에 잡히지 않는 보따리 장사꾼들을 감안하면 실제 북한의 중국 의존은 통계치보다 훨씬 심할 것이다.

2017년 하반기 이후 북한은 6차 핵실험에 대한 국제 사회의 제재로 인해 대외 무역이 큰 폭으로 감소했다. 거기에 장거리 미사일 발사 시험으로 인한 대북 제재가 겹치면서 2018년은 최악의 한 해를 보냈다. 이후 코로나19 사태로 2020년 1월부터 북한 스스로 국경을 봉쇄하고 대부분의 교역이 중단된 상태이다. 이로 인해 북중 교역도 크게 줄어들어 북한 경제는 심각한 타격을 입게 되었다.

주요 교역 품목을 살펴보면 북한에서 중국으로 수출되는 상품은 광산물, 의류제품이 대부분을 차지한다. 수입되는 물품 중에서 전기기기 · 기계 및 섬유류의 비중이 지속적으로 증가하고 있다. 특히 중국에서 들여오는 수입품 중 소비재(식음료, 생필품)와 자본재(운송 장비 제외) 비중이 지속적으로 증가하고 있어 북한의 소득 수준이 조금씩 나아지고 있다는 것을 알 수 있다.

현재는 핵실험으로 인한 대북 제재가 강화되고 있고 코로나 19로 북중국경이 폐쇄되면서 중국의 대북한 투자가 제자리걸음을 하고 있다. 황금평, 위화도 경제 특구 개발은 사실상 중단되었고, 나진 선봉 특구 역시 북한이 기대하는 제조업과 사회 간접 자본 시설 투자가 잘 이루어지지 않고 있다. 하지만 중국과 북한은 서로를 필요로 하는 관계이기 때문에 앞으로도 북한의 중국 의존은 계속될 것으로 예상된다.

북한 대외무역에서 북중 무역의 비중

연도	08	10	12	14	15	16	17	18	19	20	21
총교역규모	38.2	41.7	68.1	76.1	62.5	65.5	55.5	28.4	32.4	8.6	7.1
북중교역 규모	27.8	34.6	59.3	68.6	57.1	60.5	52.6	27.2	30.9	5.39	6.8
비중(%)	72.8	83	87	90.1	91.3	92.4	94.8	95.8	95.4	88.2	95.6

자료: 국립 통일교육원, 『2023 북한 이해』

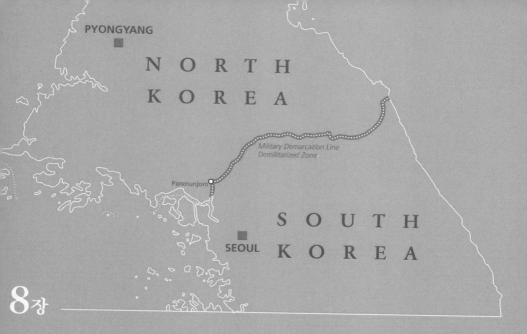

PYONGYANG

NORTH
KOREA

Military Demarcation Line
Demilitarized Zone

Panmunjom

SOUTH
KOREA

SEOUL

8장 ——————

통일방안과 통일교육 이야기

1. 남한의 통일방안

1994년 8월 15일 김영삼 대통령은 광복절 경축사를 통해 '민족공동체 통일방안(한민족공동체 건설을 위한 3단계 통일방안)'을 제시하였다. 이 방안은 현재까지 남한 정부의 공식 통일방안으로 계승되고 있다. 국립 통일교육원에서 발간한 자료를 토대로 민족공동체 통일방안에 대하여 살펴보고자 한다.

이 통일방안은 점진적, 단계적으로 하나의 민족공동체를 건설하는 방향에서 통일을 이루어 나간다는 입장을 재확인하고 있다. 이는 냉전의 종식에 따른 통일 환경의 급격한 변화 속에서 "이미 사회주의와 공산주의의 실험은 실패로 끝났고, 남북 사이의 체제 경쟁도 사실상 종결되었다."는 인식을 바탕으로 한다.

민족공동체 통일방안은 통일이 하루아침에 이루어질 수 없기 때문에 하나의 민족공동체를 건설하는 방향에서 점진적이고 단계적으로 통일을 이루어 나가야 한다는 기조하에 통일의 과정을 3단계로 설정하고 있다. 즉, 화해협력 단계, 남북연합 단계를 거쳐 궁극적으로 1민족 1국가 1체제 1정부의 통일국가를 완성해 나가야 한다는 것이다.

첫째, 화해협력 단계는 남북 간의 적대와 불신을 줄이기 위해 상호 협력의 장을 열어가는 단계이다. 분야별로 교류와 협력을 활성화하면서 '남북 기본 합의서'를 규범으로 하여 남북이 각기 현존하는 두 체제와 두 정부를 그대로 유지한 채 분단 상태를 평화적으로 관리하는 단계이다.

둘째, 남북연합 단계는 화해협력 단계에서 구축된 상호 신뢰를 바탕으로 남북 간의 교류와 협력을 더욱 활발히 하고 제도화하는 단계이다. 이 단계에서 남북은 상호 신뢰를 더욱 다지면서 평화정책과 민족의 동질화를 촉진시켜 나가게 된다. 한 마디로 이 단계는 남북이 서로 다른 체제와 정부하에서 통일 지향적인 협력 관계를 통해 통합 과정을 관리해 나가는 단계이다.

셋째, 1민족 1국가의 통일국가 완성단계는 남북연합 단계에서 제정한 통일헌법에 따라 남북 자유총선거를 실시하여 통일국회를 구성하고 통일정부를 수립하여 1민족 1국가 1체제 1정부의 통일국가를 완성하는 단계이다. 이 단계에서는 민족 통일과 국가 통일을 동시에 이루는 것을 목표로 한다.

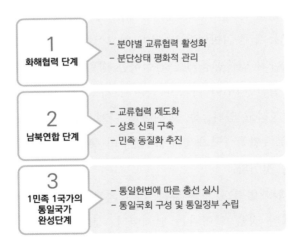

민족공동체 통일방안 3단계

자료: 국립 통일교육원, 『2022 통일문제 이해』

2. 북한의 통일방안

2016년 5월 6일 김정은은 조선로동당 7차 당대회 연설을 통해 북한은 '고려민주연방공화국 창립방안'에 기초하여 남북통일을 달성할 것이라고 밝혔다. 고려민주연방공화국 창립방안은 1980년 10월 10일 조선로동당 6차 당대회에서 김일성이 제시한 통일방안이다. 이 방안의 본질은 남과 북이 서로 상대방에 존재하는 사상과 제도를 그대로 인정하고 용납하는 기초 위에서 남과 북이 동등하게 참가하는 민족 통일 정부를 수립하고, 그 밑에서 남과 북이 같은 권한과 의무를 지니고 각각 지역에서 자체적인 정부를 갖는 연방공화국을 창립하여 통일을 실현하는 것이다. 다시 말하여 '1민족, 1국가, 2제도, 2정부'에 기초한 연방제 방식의 통일국가를 창립하자는 것이다.

'고려민주연방공화국 창립방안'의 연방제 구성 원칙은 크게 2가지이다. 첫 번째는 남과 북이 사상과 제도를 인정하는 기초 위에서 같은 권한과 의무를 지니고 각각 자치제를 실시하는 연방공화국을 창립하는 것이고, 두 번째는 남과 북이 동수의 대표로 연방 국가의 최고 민족연방회의를 구성하고 그 상임기구로 연방 상설위원회를 조직해 남과 북의 지역 정부를 지도하는 것이다.

고려민주연방공화국 창립방안은 몇 가지 문제점을 가지고 있다. 첫째, 이른바 '자주적 평화통일을 위한 선결조건'을 요구하고 있는데, 이는 주한미군의 철수와 적화통일을 노린 '남조선혁명론'에 기초하고 있다. 둘째, 남북이 서로 상대방에 존재하는 사상과 제도를 그대로 인정하고 용납하는 기초 위에서 연방제를 운영하자고 했다. 이념이 대립하는 두 제도에 의한 연방제는 현실적으로 불가능하다는 점에서 위장 평화 공세에 지나지 않는다. 셋째, 국호·국가형태·대외정책의 노선 등을 일방적으로 결정하고 있다는 점이다. 넷째, 통일 이전에 남북 간에 실시해야 할 사항들을 연방제가 실현됐을 때의 시정방침으로 제시함으로써 남북 간의 교류와 협력을 기피하고 있다는 점이다. 다섯째, 연방헌법 등 연방의 형성에 따르는 구체적 절차에 대한 설명이 전혀 없다는 점이다.

1990년대 들어서면서 소련이 해체되고, 동구 사회주의권이 붕괴되면서 북한은 외교적 고립과 경제적 어려움에 직면하게 되었다. 체제 불안을 느낀 김일성은 1991년 1월 1일 신년사를 통해 "남과 북에 서로 다른 두 제도가 존재하고 있는 실정에서 조국통일은 누가 누구를 먹거나 누구에게 먹히지 않는 원칙에서 하나의 민족, 하나의 국가, 두 개의 제도, 두 개의 정부에 기초한 연방제 방식으로 실현되어야 한다"고 하면서 남한에 의한 흡수통일을 우려하였고, 더 나아가 "남과 북의 서로 다른 제도를 하나의 제도로 만드는 문제는 앞으로 천천히 풀어나가도록 후대들에게 맡기자"고 주장하였다. 이 주장은 2023년 김정은 체제에서도 유지되고 있다. 현재 북한의 주된 관심사는 통일이 아니고 생존의 문제이다.

북한은 김일성이 1991년 신년사에서 제시한 주장, 즉 연방국가를 추진하면서도 제도 통일은 후대에 맡기는 통일 방안을 '낮은 단계 연방제'라고 이름붙였다. 2000년 6월 15일 남한의 김대중 대통령과 북한의 김정일 국방위원장은 정상회담에서 '6.15 남북공동선언'에 합의하였다. 이 선언에서 두 정상은 통일문제를 우리 민족끼리 힘을 합쳐 자주적으로 해결하기로 하였고, 남측의 '연합제안'과 북측의 '낮은 단계 연방제안'이 서로 공통성이 있다고 인정하고 앞으로 이 방향에서 통일을 지향시켜 나가기로 하였다. 2018년 4월 27일 남한의 문재인 대통령과 북한의 김정은 국무위원장은 6.15 남북공동선언을 철저히 이행해 나가기로 약속하였다. 2022년부터 새롭게 출범한 윤석열 정부는 북한의 비핵화와 한반도의 평화를 구축하는 것을 당면 과제로 내세우고 있다. 자유민주적 기본질서에 입각한 평화통일을 추진하기 위해 일체의 무력도발을 용납하지 않고, 유연한 상호주의에 바탕으로 한 남북관계를 정착시키고, 국내외 소통과 협력을 강화하여 평화적 통일 기반을 확립하는 것을 원칙으로 내세우고 있다.

남북한 통일방안 변천

구분	남한		북한
1948~ 1960	이승만 정부	유엔 감시하 남북한 자유 총선거에 의한 통일론	민주기지론(민족해방론)에 의한 무력·적화통일론
1960 년대	장면 정부	남북자유총선거론 (유엔 감시하)	김일성 정권
	박정희 정부	선 건설 후 통일론(1966)	남북연방제(1960)
1970 년대	박정희 정부	평화통일외교정책 선언 (1973.6.23.) 선 평화 후 통일론 (1974)	고려연방제(1973) 조국통일 5대 강령

1980 년대	전두환 정부	민족화합 민주통일방안 (1982)		고려민주연방공화국 창립방안(1980) (고려민주연방제 통일방안)
1990 년대	노태우 정부	한민족공동체 통일방안 (1989)		1민족 1국가 2제도 2정부에 기초한 연방제(1991)
2000 년대	김영삼 정부		김정일 정권	낮은 단계의 연방제(2000)
	김대중 정부	민족공동체 통일방안 (1민족 1국가) (1994)		
	노무현 정부			
2010 년대 이후	이명박 정부		김정은 정권	조국통일 3대 헌장 (조국통일 3대 원칙, 고려민주연방 공화국 창립방안, 전민족 대단결 10대 강령)
	박근혜 정부			
	문재인 정부			
	윤석열 정부			

자료: 통일 교육원, 『2023 통일문제 이해』

3. 북한의 통일교육

"북한 학생들과 주민들은 남한에 대해서 어떻게 생각하고 있을까?" 그리고 "어떤 식으로 통일된 한반도의 모습을 머릿속에 그리고 있을까?" 이것을 알아보기 위해서 북한에서 현재 이루어지고 있는 남한과 통일에 대한 교육 내용을 살펴보고자 한다.

북한에서는 남한과 달리 학생들과 일반 주민들을 대상으로 별도의 '통일교육'을 실시하지 않는다. 대신에 김일성의 혁명력사나 당정책 등의 사상 과목에서 한 개의 주제로 통일교육과 관련된 내용을 가르친다. 여기에는 남북한의 분단 과정, 6·25 전쟁, 7·4 남북공동선언, 김일성이 제시한 통일방안이 들어있다. 북한 통일교육의 핵심은 남한이 여전히 자주성을 상실한 채 미국에 종속되어 있기 때문에 북한의 통일방안대로 통일을 해서 한민족인 남한 주민들을 해방시켜야 한다는 것이다.

통일교육과 관련하여 북한 정권은 기본적으로 학생들과 주민들에게 왜곡되고 과장된 역사적 사실을 주입함으로써 김일성 집안을 신격화하고, 남한과 미국에 대해 적개심을 고취시키며 북한식 통일방안의 정당성을 확보하고자 한다. 북한 정권이 학생들과 주민들에게 주입하고 있는 통일교육 관련 내용을 구체적으로 살펴보면 북한 정권이 내세우는 주장들의 허구성을 파악할 수 있을 뿐만 아니라, 우리와 통일을 이룰 북한 주민들이 현재 가지고 있는 남한과 통일에 대한 기본적인 생각을 읽을 수 있다. 이러한 목적에서 탈북자 저자들이 북한에서 배웠던 통일교육의 내용을 있는 그대로 서술하고자 한다.

(1) 북한 학생들과 주민들이 배우는 통일교육-한반도 광복과 분단과정

북한 당국은 역사적 사실을 왜곡해서 김일성이 이끄는 항일유격대가 한반도를 해방시켰다고 선전한다. 아래의 북한 선전 내용을 통해, 북한 학생들과 주민들이 한반도 광복 과정에 대해서 어떻게 이해하고 있는지 알 수 있다.

"1945년 5월 9일 독일이 무조건 항복하고 그 동맹국이었던 일제가 최후 멸망에 직면하게 되었다. 김일성은 1945년 5월 자체의 힘으로 한반도를 광복시키기 위한 작전적 방침을 제시하고 그 실현을 위한 사업을 추진하면서, 수많은 정치공작원들을 국내에 파견하여 항쟁조직들을 튼튼히 준비시켰다. 이러한 활동에 기반해 김일성은 8월 9일 조선인민혁명군 전 부대에 한반도 독립을 위한 총공격명령을 내렸다.

김일성의 명령을 받은 조선인민혁명군 부대들은 한반도로 진격하였고, 국내에 파견되어 활동하던 정치공작원들과 무장봉기 조직들이 이에 호응하여 일본군과의 전투에 합세하였다. 김일성은 조선인민혁명군 부대들의 작전 전반을 지휘하는 한편 평양, 신의주, 함흥, 서울, 수원, 부산을 비롯한 중요 지점에 낙하할 부대들을 비행장에 대기하도록 하였다. 그러나 1945년 8월 15일 일제의 무조건 항복으로 공수부대 낙하는 이루어지지 않았다. 조선인민혁명군은 항복한 이후에도 저항을 계속하던 일본군을 완전히 격멸 소탕함과 동시에 일제 통치기구들을 무력으로 접수했다. 이로써 일제 식민지 통치기구는 완전히 무너졌고, 조국광복의 역사적 위업이 이룩되었다."

위에서 보듯이 북한은 소련군에 의한 북한 지역 해방이라는 역사적 사실을 숨긴 채 역사를 왜곡하여 김일성에 의한 해방으로 꾸미고 있다.

북한은 해방 직후 미국이 남한 지역을 강제로 점령한 후 경제적으로 예속시키려고 남한의 사회경제 관계를 재편성했으며, 새로운 전쟁 도발을 위한 군사기지로 만들었고, 고유한 민족문화를 말살시키면서 남한 주민들 속에 퇴폐적인 미국식 생활양식과 숭미 사대사상을 널리 퍼뜨렸다고 선전한다. 또한 북한 정권은 미국이 1948년 5월 10일 단독 총선거를 실시하여 반민족적인 국회와 정부를 조직했으며, 이어 1948년 8월 15일 남한 정부를 수립하였다고 주장한다. 그리고 민족의 분열 위험이 커지자 김일성이 조국 통일을 앞당기기 위해서 1948년 9월 9일 '조선민주주의인민공화국'을 창립하였다고 북한 학생들과 주민들에게 가르치고 있다.

(2) 북한 학생들과 주민들이 배우는 통일교육-6·25 전쟁

북한 학생들과 주민들은 6·25 전쟁이 미군 공격으로 시작되었다고 배운다. 북한 당국이 6·25 전쟁과 관련된 역사적 사실을 어떻게 왜곡하여 주민들에게 주입하고 있는지 살펴보자.

"오래전부터 침략전쟁 준비를 강조해 온 미국은 1950년 6월 25일 이른 새벽 북한지역에 대한 전면적 무력 침공을 시작했다. 미국은 침략전쟁을 통하여 한반도를 저들의 영원한 식민지로 그리고 아시아 침략의 군사전략 기지로 만들어 세계를 제패하려고 했다. 이에 김일성은 미국의 무력 침공을 물리치기 위한 결정적인 조치와 명령을 하달하였고, 북한군은 즉시 전 전선에 걸쳐 반격전을 벌여나갔다. 그러나 유엔군의 참전으로 전 전선에서 패주하게 되자 김일성은 전략적 후퇴라는 명분하에 북한 군대의 지휘체계를 전쟁 조건에 맞게 개편하고, 새로운 사단과 후방병력을 준비했다.

형제 국가인 중국은 '항미원조 보가위국(미국에 맞서 조선(북한)을 도와 가정과 조국을 지키자)'는 슬로건하에 지원군을 파견하였다. 중국군과 북한군은 1950년 12월 말까지 북한 전 지역을 완전히 해방하고 38선 이남까지 성과를 확대하였다. 1953년 7월 27일 미국은 북한 주민들과 북한 군대에 의해서 돌이킬 수 없는 군사, 정치, 도덕적 패배를 당하여 하는 수 없이 북한 주민들 앞에 무릎을 꿇고 정전협정에 서명하였다."

북한은 현재까지도 매년 6월 25일 군중집회를 개최하여 6·25 전쟁이 미국의 침략으로 시작되었고, 전쟁의 참혹한 결과가 모두 미국의 책임이라고 주장한다. 그리고 이를 통해 북한 주민들의 반미감정을 자극한다.

(3) 북한 학생들과 주민들이 배우는 통일교육-조국 통일 3대 원칙

평양시 락랑구역에는 '조국통일 3대 헌장 기념탑'이 있다. 이 기념탑이 강조하는 조국통일 3대 헌장이란 1972년 7·4 남북공동선언에서 남북이 합의한 '조국통일 3대 원칙', 1980년 10월 6차 당대회에서 김일성이 발표한 '고려민주연방공화국 창립방안' 그리고 1993년 4월 최고인민회의에서 김일성이 발표한 '조국통일을 위한 전 민족대단결 10대 강령'을 말한다. 북한 학생과 주민들은 어려서부터 이 3대 헌장을 남북한 평화통일의 중요한 기준이라고 배운다. 먼저, 북한 정권이 '조국통일 3대 원칙'의 작성과정과 내용에 대해서 어떻게 주입하고 있는지 한 번 살펴보자.

"1971년 8월 김일성은 남과 북의 모든 정당, 사회단체 및 개별적 인사들이 서로 마주 앉아 조국 통일문제를 의논할 것에 대한 새롭고 폭넓은 협상방침을 제시하였다. 1972년 5월, 남과 북 사이의 고위급 정치회담에 참가한 남한 대표들과의 대화에서 김일성은 조국통일 3대 원칙을 제시하였다. 김일성이 내놓은 조국 통일 3대 원칙의 기본 내용은 자주통일, 평화통일, 민족대단결이었다.

자주통일의 원칙이란 남한에서 미군을 몰아내고 어떤 외부 세력의 간섭도 없는 조건에서 조선 사람끼리 나라의 통일문제를 해결한다는 것을 말한다. 조국통일문제는 어디까지나 우리 민족 내부 문제인 만큼 그 어떤 외세의 간섭도 없이 자주적으로 해결되어야 한다는 것이다. 평화통일의 원칙이란 남과 북이 서로 무력을 쓰지 않고 평화적 방법으로 통일한다는 것을 말한다. 민족대단결의 원칙이란 사상과 이념, 제도의 차이를 초월하여 민족의 대단결을 이룩한다는 것을 의미한다. 온 민족이 굳게 단결함으로써만 외세의 간섭을 물리치고 민족의 이익에 맞게 나라의 통일 위업을 이룩할 수 있다. 그러므로 조국의 자주적 평화통일을 이루기 위해서는 나라의 통일을 원하는 모든 사람들이 한데 뭉쳐야 한다."

북한 정권은 김일성이 내놓은 조국통일 3대 원칙이 전체 한반도 주민들의 한결같은 의사와 염원을 반영한 것으로서 남과 북이 다 같이 실천해 나가야 할 민족공동의 유일한 통일강령이라고 선전한다.

이후 김일성은 남북공동성명 발표 이후 열린 남북조절위원회에서 북한 대표들로 하여금 조국통일 3대 원칙을 이행하기 위한 방안들을 내놓게 했다. 이 방안은 세 가지로 요약되는데, 첫 번째는 남북 사이의 긴장상태를 완화하고 군사적 대치 상태를 해소하는 것이고, 두 번째는 남과 북의 각 정당, 사회단체, 각계 인사들의 정치협상회의를 소집하는 것이며, 마지막으로 세 번째는 다방면적인 합작과 교류를 실현하는 것이었다.

(4) 북한 학생들과 주민들이 배우는 통일교육-남북정상회담과 공동선언에 대하여

남북한 정상은 해방 이후 현재까지 모두 5차례 만남을 가졌다. 즉, 2000년 6월 남북정상회담, 2007년 10월 남북정상회담, 2018년 4월과 5월 남북정상회담, 2018년 9월 남북정상회담이 개최되었다. 이 정상회담에 대해서 북한 학생들과 주민들은 어떻게 교육받고 있는지 살펴보자.

① 2000년 6월 남북정상회담에 대해서

북한 정권은 북한 학생들과 주민들에게 2000년 6월 남북정상회담에 대해서 다음과 같이 교육하고 있다.

> "2000년을 전후하여 내외 정세에서 새로운 변화가 일어났다. 김대중 대통령은 여러 통로를 통해 김정일 위원장에게 평양을 방문하고 싶다고 요청했다. 역사적인 남북정상회담을 위한 남북 간의 접촉이 2000년 3월 8일 싱가포르에서 시작되어 베이징을 거치면서 여러 차례에 걸쳐 진행되었다. 이러한 과정을 거쳐 2000년 6월 13일 오전 10시 15분, 남한 당국자와 일행이 탄 전용기가 평양 비행장에 착륙했다. 김정일 위원장은

상상도 못 한 환영 행사로 당황해하는 김대중 대통령과 뜨겁게 포옹하고 굳은 악수를 나누었다. 김정일 위원장과 김대중 대통령이 함께 탄 승용차는 60여 만 평양시민들의 열렬한 환호 속에 숙소로 정해진 백화원 영빈관으로 향했다.

6월 14일 오후 영빈관에서 김정일 위원장과 김대중 대통령 사이에 역사적인 단독회담이 무려 4시간에 걸쳐 진행되었다. 이어 남북한 정상의 공동선언문이 발표되었고, 이에 따른 남북 쌍방의 최종합의가 이루어졌다. 김정일 위원장의 담대한 결단과 탁월한 영도에 의해 남북한 정상의 만남이 이루어졌고, 역사적인 평양 상봉과 6.15 공동선언이 채택될 수 있었다."

위의 교육 내용을 통해 알 수 있듯이, 북한 당국은 2000년 남북정상회담이 북한 김정일의 탁월한 영도와 결단에 의해 이루어졌음을 강조하고 있다.

한걸음 더 _____

2000년 6.15 공동선언

1. 남과 북은 나라의 통일 문제를 그 주인인 우리 민족끼리 서로 힘을 합쳐 자주적으로 해결해 나가기로 하였다.
2. 남과 북은 나라의 통일을 위한 남측의 연합제안과 북측의 낮은 단계의 연방제안이 서로 공통성이 있다고 인정하고, 앞으로 이 방향에서 통일을 지향시켜 나가기로 하였다.
3. 남과 북은 올해 8·15에 즈음하여 흩어진 가족, 친척 방문단을 교환하며 비전향 장기수 문제를 해결하는 등 인도적 문제를 조속히 풀어나가기로 하였다.
4. 남과 북은 경제 협력을 통하여 민족 경제를 균형적으로 발전시키고 사회·문화·체육·보건·환경 등 제반 분야의 협력과 교류를 활성화하여 서로의 신뢰를 다져 나가기로 하였다.

② 2007년 10월 남북정상회담에 대해서

2007년 10월 남북정상회담에 대해서 북한 당국은 학생들과 주민들에게 다음과 같이 설명한다.

> "2007년 8월 남한 대통령의 평양방문에 관한 남북합의서 가 발표되었다. 합의서 내용은 '김정일 국방위원장과 대한민국 노무현 대통령의 합의에 따라 오는 8월 28일부터 30일까지 노무현 대통령이 평양을 방문하기로 하였다'는 것이었다. 하지만 북한 여러 지역에 큰 홍수가 나서 피해가 발생하여 불가피하게 정상회담이 10월로 연기되었다.
>
> 2007년 10월 2일 김정일 위원장은 평양을 방문하는 남한 대통령을 따뜻이 마중해 주었고, 10월 4일에는 남북정상 간 단독회담이 진행되었다. 이 회담에서 '남북관계 발전과 평화번영 을 위한 선언(10.4 공동선언)'이 채택되었다. 이 선언문은 민족 의 단합된 힘으로 통일과업을 이룩하고 부강조국을 건설하려 는 온 겨레의 지향과 염원을 반영한 것으로서 6.15 공동선언을 전면적으로 구현하기 위한 실천 강령이다."

위의 교육 내용에서 보듯이 2007년 10월 남북정상회담에 대해서 북한 당국은 김정일을 주인공으로 묘사하면서 회담의 연기 사유, 선언문의 의미 등에 대해서 자세히 설명하였다.

2007년 10.4 공동선언

1. 남과 북은 6.15 공동선언을 고수하고 적극 구현해 나간다. 남과 북은 우리민족끼리 정신에 따라 통일문제를 자주적으로 해결해 나가며, 민족의 존엄과 이익을 중시하고 모든 것을 이에 지향시켜 나가기로 하였다. 남과 북은 6.15 공동선언을 변함없이 이행해 나가려는 의지를 반영하여 6월 15일을 기념하는 방안을 강구하기로 하였다.

2. 남과 북은 사상과 제도의 차이를 초월하여 남북관계를 상호존중과 신뢰 관계로 확고히 전환시켜 나가기로 하였다. 남과 북은 내부문제에 간섭하지 않으며 남북관계 문제들을 화해와 협력, 통일에 부합되게 해결해 나가기로 하였다. 남과 북은 남북관계를 통일 지향적으로 발전시켜 나가기 위하여 각기 법률적·제도적 장치들을 정비해 나가기로 하였다. 남과 북은 남북관계 확대와 발전을 위한 문제들을 민족의 염원에 맞게 해결하기 위해 양측 의회 등 각 분야의 대화와 접촉을 적극 추진해 나가기로 하였다.

3. 남과 북은 군사적 적대관계를 종식시키고 한반도에서 긴장완화와 평화를 보장하기 위해 긴밀히 협력하기로 하였다. 남과 북은 서로 적대시하지 않고 군사적 긴장을 완화하며 분쟁문제들을 대화와 협상을 통하여 해결하기로 하였다. 남과 북은 한반도에서 어떤 전쟁도 반대하며 불가침의무를 확고히 준수하기로 하였다. 남과 북은 서해에서의 우발적 충돌방지를 위해 공동어로수역을 지정하고 이 수역을 평화수역으로 만들기 위한 방안과 각종 협력사업에 대한 군사적 보장조치 문제 등 군사적 신뢰구축조치를 협의하기 위하여 남측 국방부 장관과 북측 인민무력부 부장 간 회담을 금년 11월 중에 평양에서 개최하기로 하였다.

4. 남과 북은 현 정전체제를 종식시키고 항구적인 평화체제를 구축해 나가야 한다는 데 인식을 같이하고 직접 관련된 3자 또는 4자 정상들이 한반도지역에서 만나 종전을 선언하는 문제를 추진하기 위해 협력해 나가기로 하였다. 남과 북은 한반도 핵문제 해결을 위해 6자회담·9.19 공동성명과 2.13 합의가 순조롭게 이행되도록 공동으로 노력하기로 하였다.

5. 남과 북은 민족경제의 균형적 발전과 공동의 번영을 위해 경제협력사업을 공

리공영과 유무상통의 원칙에서 적극 활성화하고 지속적으로 확대 발전시켜 나가기로 하였다. 남과 북은 경제협력을 위한 투자를 장려하고 기반시설 확충과 자원개발을 적극 추진하며 민족내부협력사업의 특수성에 맞게 각종 우대조건과 특혜를 우선적으로 부여하기로 하였다. 남과 북은 해주지역과 주변 해역을 포괄하는 서해평화협력특별지대를 설치하고 공동어로구역과 평화수역 설정, 경제특구건설과 해주항 활용, 민간선박의 해주직항로 통과, 한강하구 공동이용 등을 적극 추진해 나가기로 하였다. 남과 북은 개성공업지구 1단계 건설을 빠른 시일안에 완공하고 2단계 개발에 착수하며 문산-봉동간 철도화물수송을 시작하고, 통행·통신·통관 문제를 비롯한 제반 제도적 보장조치들을 조속히 완비해 나가기로 하였다. 남과 북은 개성-신의주 철도와 개성-평양 고속도로를 공동으로 이용하기 위해 개보수 문제를 협의·추진해 가기로 하였다. 남과 북은 안변과 남포에 조선협력단지를 건설하며 농업, 보건의료, 환경보호 등 여러 분야에서의 협력사업을 진행해 나가기로 하였다. 남과 북은 남북 경제협력사업의 원활한 추진을 위해 현재의 '남북경제협력추진위원회'를 부총리급 '남북경제협력공동위원회'로 격상하기로 하였다.

6. 남과 북은 민족의 유구한 역사와 우수한 문화를 빛내기 위해 역사, 언어, 교육, 과학기술, 문화예술, 체육 등 사회문화 분야의 교류와 협력을 발전시켜 나가기로 하였다. 남과 북은 백두산관광을 실시하며, 이를 위해 백두산-서울 직항로를 개설하기로 하였다. 남과 북은 2008년 북경 올림픽경기대회에 남북응원단이 경의선 열차를 처음으로 이용하여 참가하기로 하였다.

7. 남과 북은 인도주의 협력사업을 적극 추진해 나가기로 하였다. 남과 북은 흩어진 가족과 친척들의 상봉을 확대하며 영상 편지 교환사업을 추진하기로 하였다. 이를 위해 금강산면회소가 완공되는 데 따라 쌍방 대표를 상주시키고 흩어진 가족과 친척의 상봉을 상시적으로 진행 하기로 하였다. 남과 북은 자연재해를 비롯하여 재난이 발생하는 경우 동포애와 인도주의, 상부상조의 원칙에 따라 적극 협력해 나가기로 하였다.

8. 남과 북은 국제무대에서 민족의 이익과 해외 동포들의 권리와 이익을 위한 협력을 강화해 나가기로 하였다. 남과 북은 이 선언의 이행을 위하여 남북총

리회담을 개최하기로 하고, 제 1차회의를 금년 11월 중 서울에서 갖기로 하였다. 남과 북은 남북관계 발전을 위해 정상들이 수시로 만나 현안 문제들을 협의하기로 하였다.

③ 2018년 남북정상회담

남한의 문재인 대통령과 북한의 김정은 국무위원장은 2018년에 세 차례(4월 판문점, 5월 판문점, 9월 평양)에 걸쳐 남북정상회담을 진행하였다. 남북정상은 2018년 4월 27일 판문점 회담에서 '한반도의 평화와 번영, 통일을 위한 판문점선언'에 합의하였고, 2018년 9월 평양 회담에서 '9월 평양선언'과 '판문점선언 군사분야 이행합의서'를 채택하였다.

2018년 남북정상회담과 그 이후 전개 과정에 대해서 북한 당국은 학생들과 주민들에게 다음과 같이 교육하고 있다.

"2018년은 과거 70년 민족분열 역사상 일찍이 있어본 적이 없는 극적인 변화가 일어난 격동의 해였다. 김정은 위원장은 항시적인 전쟁위기에 놓여 있는 한반도의 비정상적인 상태를 끝장내고 민족적 화해와 평화 번영의 시대를 열어놓을 결심 밑에 2018년 정초부터 남북관계의 대전환을 위한 주동적이며 과감한 조치들을 취하였다. 내외의 커다란 기대와 관심 속에 2018년 한 해 동안 세 차례의 남북정상상봉과 회담이 진행된 것은 전례 없는 일이며, 이것은 남북관계가 완전히 새로운 단계에 들어섰다는 것을 뚜렷이 보여주었다. 한반도에 더 이상 전쟁이 없는 평화시대를 열어놓으려는 확고한 결심과 의지를 담아

채택된 판문점 선언과 9월 평양공동선언, 북남군사분야 합의서
는 남북사이에 무력에 의한 동족상쟁을 종식시킬 것을 확약한
사실상의 불가침 선언으로서 참으로 중대한 의의를 가진다.

그런데 모처럼 마련된 평화와 통일의 분위기는 이어지지
못하고 남북관계는 교착상태에 빠지게 되었다. 남조선당국이
속도조절을 노골적으로 강박하는 미국의 눈치를 보고 남북선
언 이행을 회피하는 태도를 취하였으며, 보다 엄중하게는 남북
합의에 정면으로 배치되는 침략적 성격을 띤 한미합동군사연
습을 '키 리졸브' 합동군사연습으로부터 '동맹 19'로, '을지 프
리덤 가디언' 합동군사연습을 '전시작전권 전환 점검훈련'으로
그 간판을 바꾸어 재개하고 동족을 노린 첨단 무기를 끊임없이
반입하였기 때문이다. 2020년 6월에는 김정은 위원장을 모독
하는 탈북자단체의 삐라살포행위를 남조선 당국이 묵인조장하
는 배신행위를 저질렀고, 남북공동연락사무소가 폭파되는 사태
까지 빚어졌다."

위의 교육 내용에서 보듯이, 북한 당국은 2018년 남북정상회
담과 한반도 화해 분위기는 김정은 위원장의 결심과 과감한 조치
에 의해 가능했고, 남한 정부의 배신행위로 인해 남북정상 간의
합의가 파기되었고, 결국 남북공동연락사무소까지 폭파되게 되었
다고 강조한다.

한걸음 더 ────   **2018년 9월 평양공동선언**

대한민국 문재인 대통령과 조선민주주의인민공화국 김정은 국무위원장은 2018
년 9월 18일부터 20일까지 평양에서 남북정상회담을 진행하였다. 양 정상은

역사적인 판문점선언 이후 남북 당국 간 긴밀한 대화와 소통, 다방면적 민간교류와 협력이 진행되고, 군사적 긴장완화를 위한 획기적인 조치들이 취해지는 등 훌륭한 성과들이 있었다고 평가하였다.

양 정상은 민족자주와 민족자결의 원칙을 재확인하고, 남북관계를 민족적 화해와 협력, 확고한 평화와 공동번영을 위해 일관되고 지속적으로 발전시켜 나가기로 하였으며, 현재의 남북관계 발전을 통일로 이어갈 것을 바라는 온 겨레의 지향과 여망을 정책적으로 실현하기 위하여 노력해 나가기로 하였다.

양 정상은 판문점선언을 철저히 이행하여 남북관계를 새로운 높은 단계로 진전시켜 나가기 위한 제반 문제들과 실천적 대책들을 허심탄회하고 심도 있게 논의하였으며, 이번 평양정상회담이 중요한 역사적 전기가 될 것이라는 데 인식을 같이 하고 다음과 같이 선언하였다.

1. 남과 북은 비무장지대를 비롯한 대치지역에서의 군사적 적대관계 종식을 한반도 전 지역에서의 실질적인 전쟁위험 제거와 근본적인 적대관계 해소로 이어나가기로 하였다.

   ① 남과 북은 이번 평양정상회담을 계기로 체결한 판문점선언 군사분야 이행합의서를 평양공동선언의 부속합의서로 채택하고 이를 철저히 준수하고 성실히 이행하며, 한반도를 항구적인 평화지대로 만들기 위한 실천적 조치들을 적극 취해나가기로 하였다.

   ② 남과 북은 남북군사공동위원회를 조속히 가동하여 군사분야 합의서의 이행실태를 점검하고 우발적 무력충돌 방지를 위한 상시적 소통과 긴밀한 협의를 진행하기로 하였다.

2. 남과 북은 상호호혜와 공리공영의 바탕 위에서 교류와 협력을 더욱 증대시키고, 민족경제를 균형적으로 발전시키기 위한 실질적인 대책들을 강구해 나가기로 하였다.

   ① 남과 북은 금년 내 동, 서해선 철도 및 도로 연결을 위한 착공식을 갖기로 하였다.

   ② 남과 북은 조건이 마련되는 데 따라 개성 공단과 금강산관광 사업을 우선

정상화하고, 서해경제공동특구 및 동해관광공동특구를 조성하는 문제를 협의해 나가기로 하였다.

③ 남과 북은 자연생태계의 보호 및 복원을 위한 남북 환경협력을 적극 추진하기로 하였으며, 우선적으로 현재 진행 중인 산림분야 협력의 실천적 성과를 위해 노력하기로 하였다.

④ 남과 북은 전염성 질병의 유입 및 확산 방지를 위한 긴급조치를 비롯한 방역 및 보건·의료 분야의 협력을 강화하기로 하였다.

3. 남과 북은 이산가족 문제를 근본적으로 해결하기 위한 인도적 협력을 더욱 강화해 나가기로 하였다.

① 남과 북은 금강산 지역의 이산가족 상설면회소를 빠른 시일 내 개소하기로 하였으며, 이를 위해 면회소 시설을 조속히 복구하기로 하였다.

② 남과 북은 적십자 회담을 통해 이산가족의 화상상봉과 영상편지 교환문제를 우선적으로 해결해 나가기로 하였다.

4. 남과 북은 화해와 단합의 분위기를 고조시키고 우리 민족의 기개를 내외에 과시하기 위해 다양한 분야의 협력과 교류를 적극 추진하기로 하였다.

① 남과 북은 문화 및 예술분야의 교류를 더욱 증진시켜 나가기로 하였으며, 우선적으로 10월 중에 평양예술단의 서울공연을 진행하기로 하였다.

② 남과 북은 2020년 하계올림픽경기대회를 비롯한 국제경기들에 공동으로 적극 진출하며, 2032년 하계올림픽의 남북공동개최를 유치하는 데 협력하기로 하였다.

③ 남과 북은 10.4 선언 11주년을 뜻깊게 기념하기 위한 행사들을 의의 있게 개최하며, 3.1운동 100주년을 남북이 공동으로 기념하기로 하고, 그를 위한 실무적인 방안을 협의해 나가기로 하였다.

5. 남과 북은 한반도를 핵무기와 핵위협이 없는 평화의 러전으로 만들어 나가야 하며, 이를 위해 필요한 실질적인 진전을 조속히 이루어나가야 한다는 데 인식을 같이 하였다.

① 북측은 동창리 엔진시험장과 미사일 발사대를 유관국 전문가들의 참관하에 우선 영구적으로 폐기하기로 하였다.

② 북측은 미국이 6.12 북미공동성명의 정신에 따라 상응조치를 취하면 영변 핵시설의 영구적 폐기와 같은 추가적인 조치를 계속 취해나갈 용의가 있음을 표명하였다.

③ 남과 북은 한반도의 완전한 비핵화를 추진해 나가는 과정에서 함께 긴밀히 협력해 나가기로 하였다.

6. 김정은 국무위원장은 문재인 대통령의 초청에 따라 가까운 시일 내로 서울을 방문하기로 하였다.

4. 남한의 통일교육

남한의 통일교육에서는 통일의 의미를 ① 지리적 측면에서 국토의 통일, ② 정치적 측면에서 체제의 단일화, ③ 경제적 측면에서 서로 다른 두 경제권의 통합, ④ 사회문화적 측면에서 민족동질성 회복 등 크게 네 가지 측면에서 찾고 있다.

통일이 필요한 이유로 ① 분단 구조의 불안정성과 비정상성을 극복하고 지속가능한 발전을 이룩하고, ② 남북한 주민이 같은 민족이라는 정체성을 기초로 하나의 민족공동체를 건설하고, ③ 다양한 편익을 누리고(경제 성장, 지하자원과 노동력 확보, 지정학적 특성을 살림, 기업에게는 성장의 기회, 개인에게는 취업의 기회), ④ 남북 구성원 모두에게 자유와 인권과 행복한 삶을 보장 등 크게 네 가지를 들고 있다. 그러면서 통일은 민족적, 국가적 차원뿐 아니라 개인적, 국제적으로도 반드시 필요하다고 강조한다.

관점에 따른 통일의 필요성

개인적 차원	- 분단 고통 해소(이산가족, 납북자 문제) - 자유 확산 및 기회 확대(취업 및 소득 증대) - 평화롭고 풍요로운 삶 향유
민족적 차원	- 역사적 정통성 및 동질성 회복 - 민족공동체 구현 - 민족 문화 융성
국가적 차원	- 전쟁 위협 소멸 - 자원과 민족적 역량 낭비 제거 - 자원의 상호 보완적 활용, 규모의 효과(단일 경제권 형성) - 활동영역 확대(유라시아 대륙과 태평양 연결)
국제적 차원	- 북핵 문제 해결(전쟁 위협 제거) - 동북아 및 세계 평화에 기여

자료: 국립 통일교육원, 『2016 통일문제 이해』

통일은 국민적 합의에 기초해 민주적이고 평화적인 방법에 의해 점진적이고 단계적으로 이루어야 한다. 우선 국민적 합의가 있어야 통일이 수반하는 사회적 혼란, 경제적 비용, 정치적 부담 등을 줄일 수 있다. 그리고 통일의 목표인 자유와 인권, 행복이 보장되는 민주국가를 건설하기 위해서 과정과 절차가 민주적이어야 한다. 마지막으로 정당한 방식과 평화적 절차에 의한 통일이 추구되어야 한다.

남북한 통일이 이루어지면, 대륙과 해양을 연결하는 동아시아 무역의 중심 국가가 될 수 있을 것이다. 그리고 비무장 지대를 평화 관광 자원으로 활용할 수도 있고, 북한의 지하자원과 노동력이 경제에 활력을 불어넣을 것으로 기대된다. 통일국가는 근본적으로 모든 정책과 제도를 통해 인간 존중의 보편적 가치를 실현하고, 전 세계에 흩어진 민족의 힘을 결집하여 새로운 민족 문화

발전의 계기를 마련해야 한다. 대외적으로 주변 국가들과 공존공영을 추구하는 열린 민족주의를 추구하여 세계 평화에 기여하는 국가가 되어야 할 것이다.

이러한 통일에는 많은 비용이 발생한다. 하지만 통일 비용은 분단으로 현재 지불하고 있는 유무형의 비용보다 훨씬 적다. 분단 비용은 계속해서 지출되지만 통일 비용은 일종의 투자로 통일 기간에 한정해서 지출되고, 준비 정도에 따라서 통일 비용을 줄일 수도 있다. 오히려 통일 이후에 얻게 될 통일 편익이 통일 비용보다 훨씬 크기 때문에 통일 비용을 두려워할 필요는 없다.

분단 비용, 통일 비용, 통일 편익

	분단 비용	통일 비용	통일 편익
개념	- 분단상태가 지속됨으로써 발생하는 경제적, 비경제적 비용의 총체 - 경제적 비용: 국방비, 외교비용, 이념 교육 비용 - 경제외적 비용: 전쟁에 대한 공포, 이산 가족, 이념적 갈등과 대립, 국토의 불균형 발전 등	- 통일에 수반되는 경제적, 경제외적 비용의 총체 - 제도통합비용: 정치, 행정제도, 금융, 화폐 통합비용 - 위기관리비용: 치안, 인도적 차원의 긴급구호, 실업 등 초기 사회문제 처리비용 - 경제적 투자비용: 인프라, 생산시설 구축 비용 등	- 통일로 인해 얻게 되는 경제적, 비경제적 보상과 혜택 - 비경제적 편익: 북한 주민의 인간다운 삶 보장, 이산가족 문제 해결, 안보 불안 해소, 민족 문화 회복, 동북아·세계 평화 기여 등 - 경제적 편익: 새로운 성장동력 제공, 경제 발전, 국민생활공간 확대 등

| 특징 | - 분단 기간 중 지속 발생하는 소모적 비용
- 통일과 동시에 소멸(통일의 기회비용) | - 통일의 시기, 방법, 준비 등에 따라 비용의 차이가 발생
- 통일 후 일정 기간 한시적 발생
- 다양한 방법으로 조달 가능 | - 통일 편익이 통일 비용보다 훨씬 큼
- 통일 이후 영구적으로 발생 |

자료: 국립 통일교육원, 『2018 통일 문제 이해』

통일로 우리가 이루고자 하는 궁극적인 목표는 평화의 실현과 번영이다. 그리고 통일의 과정도 반드시 평화에 의한 것이어야 한다. 통일된 한반도는 민주주의, 인권이 보장되는 평화로운 나라여야 한다. 그리고 그 평화로운 나라는 세계를 향해 열려 있어야 한다. 이미 우리는 전쟁을 통해 전쟁의 상처가 얼마나 깊고 오래 가는지를 잘 알고 있다. 물론 통일의 과정에서도 수많은 갈등이 생길 수 있다. 분단 체제에서 군사적 위협에 노출된 우리에게 평화는 너무 멀게만 느껴진다. 하지만 평화는 주먹으로 만들어질 수 없다. 그럴수록 더욱 우리는 민주 시민으로서의 자질을 기르고 평화로운 수단과 절차를 통해 갈등을 해결할 수 있는 삶의 자세를 가져야 한다. 따라서 평화를 위한 교육이 중요하다. 평화에 대한 열망을 가지고 꾸준히 노력한다면 평화는 자연스럽게 우리에게 다가올 것이다.

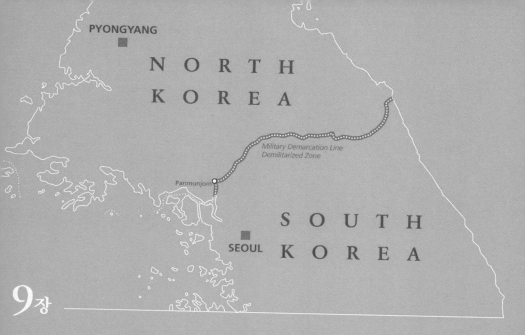

9장

나의 북한 이야기

"북한 사람들은 어떻게 살고 있을까?" 이러한 의문을 해소하는 가장 쉽고 효과적인 방법은 북한에 직접 가서 북한 주민들과 함께 살아보는 것이다. 하지만 남한과 북한이 군사적으로 대치하고 있는 상황에서 이것은 불가능한 일이다.

우리는 그 대안으로 북한에서 살다가 남한으로 넘어온 네 명의 탈북자 증언을 통해서 북한 주민들의 생활을 살짝 엿보려고 한다. 네 명의 탈북자 중 김병욱, 최영일은 이 책의 공동 저자이기도 하다. 그리고 나머지 두 명은 다양한 경로로 신뢰성을 확인한 사람들이다. 그럼 이제 탈북자의 이야기를 통해 북한 주민의 생활 모습을 들여다보자.

저기도 (조용히 불러보는) 내 조국입니다

김 병 욱

　　북한에서 40년을 살다가 남한에 온 지도 어언 20년이 되어가고 있다. 독재자를 위한 집단 중심의 북한 생활을 저 멀리하고, 오늘은 개인 중심의 치열한 남한 사회의 생존경쟁 속에 더 나은 미래를 만들기 위해 하루하루 노력하고 있다. '지금의 나'를 만든 것은 무엇인가? 과거 북한에서의 삶을 이야기하지 않고서는 그 해답을 찾을 수 없다. 평양의 대동강과 유사한 한강을 바라보며 과거를 회상해 본다.

1. 북한이 나에게서 빼앗은 것: 신분제도하의 몸부림

　　내가 출생한 곳은 북한에서 가장 높은 건물인 105층 유경호텔이 위치한 보통강에서 가까운 곳이다. 요즘은 유람선까지 다닌다는 보통강은 광복 후 김일성이 홍수로 인한 주민들의 고통을 해결하기 위해 새 조국 건설 – 건국의 첫 삽을 뜬 곳이라고 알려져 있다. 따스한 여름이면 보트 경기에 나가기 위해 연습하는 선수들을 구경할 수 있고, 겨울이면 꽁꽁 언 보통강에서 학교별 속도 빙상경기(스피드스케이팅), 빙상호케이경기(아이스하키)가 진행되기도 한다. 솜옷이 뻣뻣하게 얼어들어도 응원 열기와 휴식 시간에 강둑을 파헤쳐 캐낸 뚝감자를 구워 먹는 맛에 추위도 잠깐이던 세월이었다.

내가 자란 곳은 평양화력발전소에서 멀지 않은 곳이기도 했다. 개구쟁이 친구들과 그곳에 자주 놀러 가곤 했는데, 왕잠자리를 잡는 형들을 부러운 눈으로 바라보거나 화력발전소 폐수를 여과하기 위해 만든 침전못에 들어가 수영을 하곤 했다. 팔을 몇 번 휘저으면 물속에 가라앉았던 석탄 성분이 올라와서 금세 침전못의 물이 새까매진다. 검은색의 매캐한 폐수를 때때로 삼키곤 했는데도 크게 아프지 않았던 것이 지금 생각해보면 참 이상하다.

40년간을 살아온 그곳은 김일성이 새벽에 깨어나면 발전소의 굴뚝에서 뿜어 나오는 연기를 보고 경제 상황을 감지했다고 할 정도로 당시 신문에 자주 오르던 곳이기도 했다. 현재까지도 평양시 중심 구역의 온수난방은 이곳 발전소에서 나오는 폐열 온수를 이용하고 있다. 내가 살던 지역은 온수난방의 첫 출발지여서 평양시에서 가장 따뜻하고 난방이 끊이지 않는 곳이었지만, 김정일이 집권하고 나서 온수난방 전용선을 따로 건설하여 따뜻한 난방은 이제 옛이야기가 되었다.

밥상에 앉으면 공부를 잘해야 한다는 부모님의 말씀이 싫었던 학창 시절, 자녀를 둔 부모라면 누구나 할 수 있는 말이었지만 수십 번 들어야 하는 밥상머리 교육이 왜 그렇게 싫던지, 귀밑머리에 흰서리 내리는 지금에 와서 생각해보면 부모님의 숨은 뜻이 느껴진다. 북한 신분제도의 비운이 자식에게 엄습해오는 것에 대응하기 위한 부모님의 몸부림이자 애원이었던 것 같다.

당시 놀음에 취한 나를 향해 든 아버님의 회초리보다 더 무섭게 느껴진 것은 귀동냥으로 듣게 되는 '평양시 추방 – 평양시에서 쫓겨난다'는 동네 어른들의 얘기였다. 참고로 북한에서는 오늘까지도 연좌제가 시행되고 있다. 당국의 통치에 반기를 든 대상자의 가족들은 정치범수용소로 끌려가며 재수 없으면 "말반동"으로 몰려 온 가족이 몹시 춥고 소달구지나 겨우 들어갈 수 있는 좁은 길밖에 없는 산간 오지로 강제 이주당한다.

말만 들어도 무서운 추방의 현실을 간접적이지만 처음 체험한 것은 소학교에 들어간 1970년 10월의 어느 날이었다. 그날 학교에 가면 옆집에 살고 옆자리에 앉는 김일룡으로부터 숙제를 대신해준 대가로 지우개가 달린 삼색 연필 1개를 받기로 약속되어 있었다. 그러나 친구 김일룡은 그날 학교에 오지 않았다. 수업이 끝나 그의 집으로 허둥지둥 뛰어가 보니 텅 빈 방바닥에 구두 발자국만 어지럽게 나 있어 몸이 오싹해졌다. 부모님에게 물어보니 일룡이의 아버지가 6·25 전쟁 시기 북한에 진격한 국군을 도와 치안대에 가담한 사실이 드러나 추방되었다는 것이다. 그때 나는 이상하게 느껴지는 두려움이 있었지만 지우개 달린 연필을 받지 못한 아쉬움만 컸지 우리 집에도 같은 봉변이 들이닥칠 줄은 전혀 몰랐다.

고등중학교 시절 우리 학급 전원은 서로 어깨를 마주하고 있는 5층짜리 아파트 4개 단지에 모여 살았다. "재포(재일 교포)아파트 동네"라고도 불렸는데 북송 동포들이 많이 살고 있었다. 이후 졸업과 더불어 42명의 학급생 중 6명이 대학에 입학하였는데, 당시 공부를 잘하였고 학급장이었던 장석철이가 대학교 추천조차 받지 못하였다. 대학 공부를 하던 1980년 9월 오광희를 비롯해 우리 학급의 재일귀국자 자녀 5명이 연이어 추방되었다. 1년 후 평양에 몰래 들어온 장석철을 통해 김일성 일가와 맺힌 가족사로

당한 억울함을 듣게 되었고, 재일 귀국 출신 급우들을 통해서는 평양시 추방민이어서 원주민들로부터 받는 무언의 수모에 대한 이야기를 듣게 되었다. 그때의 나로서는 사실이라고 해도 듣고 싶지 않은 소식이었다.

남의 일 같았던 평양시 추방의 무서움이 나에게 직접 다가온 것은 그로부터 1년 후인 1982년도였다. 우리 집도 북부 산간 지역으로 추방되었다. 어느 날 집에 도착해 보니 소학교 시절 친구인 김일룡의 집에서 내가 보았던 바로 그 모습이 우리집에 펼쳐져 있었다. 훗날 어머님의 말씀에 의하면 증조할아버지가 광복 전 평안북도 일대의 지주여서 가슴을 졸이며 살아왔는데, 최근에 어머님의 중국 연고자 신분이 탄로 나면서 추방으로 이어졌다는 것이다.

평양에 홀로 남게 된 나는 가족에 들씌운 신분제도의 멍에에서 벗어나기 위해 공부 잘하는 대학생이 되기 위해 노력했다. 대학 졸업 후 20대 중반의 젊은 나이에 추방지역의 도급기관 지도원으로 임명되었다. 하지만 회사 내 승진, 간부 사업에서 많은 제약이 뒤따랐다. 도당위원회 간부를 통해 알아본 결과 고향 지역 배치를 기대할 수 있는 <인민경제대학> 입학을 목표로 한 나의 꿈은 신암 구역에 집중적으로 살고 있는 간부(항일 열사 출신 또는 당 간부)의 딸과 결혼해야만 가능하다는 것이었다. 간부집 데릴사위로 들어가 출세를 위해 눈치 보며 사느냐 아니면 나의 이상에 맞는 여성을 만나 고향인 평양으로의 재입성을 포기하느냐 두 길이 나선 것이다. 나는 후자를 선택할 수밖에 없었고 그 대가는 노동자로 좌천되는 결과로 이어졌다. 신분제도의 먹구름이 가져진

새날이 밝아오리라는 기대를 담아 맏이의 이름도 '여명'이라고 지었지만, 자식들이 커갈수록 신분제도의 비운이 3대째 지속될 수밖에 없다는 확신이 굳어졌다. 내가 살아온 전철을 자식들이 밟지 않기 위해서는 가족 탈북밖에 없다는 결론에 도달했다.

탈북한 지 20년이 되어가는 지금도 나는 탈북과정에 받은 외상 후 스트레스에서 벗어나질 못한다. 아직도 꿈에서는 물결이 거센 두만강을 앞에 두고 건너지 못해 안타까워하던 상황이 재현되곤 한다. 당시 내 머리를 짓누른 것은 아빠의 손에 이끌려 탈북에 오른 7살, 9살배기 두 자식의 운명이었다. 아빠, 엄마의 손에 이끌린 몸이지만 가족 탈북이 발각되면 정치범 수용소로 끌려가기 때문이다.

북한이 나와 우리 가족 모두의 삶을 송두리째 빼앗은 신분제도에 따른 외상후 스트레스 때문인지, 북한 연구자의 길에 들어선 이후 처음으로 발표한 논문이 <선군시대 북한주민들의 사회적 신분변화>였다.

2. 북한이 나에게 준 것: 군인정신

북한은 독재체제 연장을 위해 폐쇄적인 통치방식을 유지하면서 주민들에게 자력갱생을 강요하고 있다. 이를 단적으로 대변하고 있는 것이 김정일의 "불가능하다는 것은 조선말이 아니다"는 말이다.

지금 생각해보면 북한이라는 곳은 나에게 두 주먹만으로 무언가를 만들어 낼 수 있는 정신적 마음가짐이 자리 잡게 해준 곳이라 할 수 있다. 혹독한 강압 속에서 터득된 것이어서 북한이 준

이것을 나는 '군인정신'이라 부르고 싶다.

남한사람들은 일반적으로는 모든 활동을 시작함에 있어 돈이 있어야 한다고 생각한다. 그에 비해 나를 비롯한 탈북민들은 좀 다른 생각을 가지고 있다. 무슨 일이든 돈이 아니라 사람만 준비되면 시작한다. 현재 내가 운영하는 작은 연구소도 그런 방식으로 운영하고 있는데, 우리는 일단 일을 저지르고 실패 속에 교훈을 찾아 보충해가는 시행착오 방식을 선호한다. 핵심은 뜻이 있으면 길이 생긴다는 데 있다.

언젠가 쿠바와 경제교류를 하고 있는 미국인 관계자들을 만난 적이 있다. 내가 그들에게 쿠바 기업인들의 장점이 무엇이냐고 물었더니 '난관 극복 정신'이라고 이구동성으로 말했다. 열악한 조건에서 어떻게든 문제를 해결해 낸다는 것이다. 그 말을 들으면서 남북 간 경제교류의 내일을 그려볼 수 있었다. 남북 간 경제교류라 하면 남한의 기술과 자본, 북한의 토지와 저렴한 노동력의 결합을 이야기한다. 현재로서는 수긍되는 점이 많다. 하지만 자율적인 남북 경제교류의 환경에서 이루어지는 북한 기업인들에 대한 평가는 쿠바 기업인들에 대한 평가와 비슷할 것이다. 북한과 많이 다르지만 쿠바 역시 경제 봉쇄 속에서 사회주의라는 이념을 고수해왔다. 경제 봉쇄 상태에서 독재자가 체제 유지를 위해 어려움을 극복할 것을 강요하는 상황에서 주민들은 필사적으로 생존에 매달리게 되고 이러한 과정에서 난관을 극복해 가는 정신이 키워지게 되는 것 같다.

나는 남한에서 박사학위를 받은 직후부터 겸임교수로 10년째 2개 대학의 교양과목을 강의해오고 있다. 학기 시작과 더불어 진행되는 오리엔테이션 시간에 학생들에게 강의의 특징을 이렇게 말하곤 한다. 본 강의에서는 "북한에 있을 때 경험한 40년간의 체험과 입국 후 학술지에 기고한 논문에 근거한 강의를 한다" 그리고 여기에 "대한민국에 영어 원어민 강의가 있듯이 이 강의는 북한 원어민 강의다"라는 말을 덧붙인다. 나의 강의를 듣는 수강생들은 처음에는 평양말을 이해하기 어려웠는데, 듣다 보니 정답게 들려오고 북한에 대한 실감이 나고, 이해할 수 있게 되었다고들 한다. 탈북민 출신 연구자이자 강의자인 나에게는 북한에 있을 때의 경험과 더불어 언어 역시 무형의 자산으로 된 셈이다. 참고로 나는 탈북민들에게 언어교정이 필수가 아니라고 말하고 싶다. 평양 사투리가 나에겐 남다른 경쟁력일 때도 있기 때문이다.

지금 생각해보면 북한이 강요한 군인정신은 오늘날의 남한 생활에서 나름의 경쟁력을 가지는 데 도움을 준 것 같다.

3. 군인정신이 키워지는 곳

나는 초등학교부터 대학교 졸업까지 전 기간을 평양시에서 학교생활을 했기에 다른 지역 학생들보다 월등한 조건에서 무료교육의 혜택을 받았다. 방과후에는 학교에서 무료로 운영하는 화학소조, 물리소조에 배속되어 실험기구를 다루며 응용원리를 배웠다. '평양학생소년궁전' 라디오소조원으로 활동할 때에는 참관 온 외국인들 앞에서 라디오 2구 수신기를 조립하곤 했다.

고등중학교 기간에는 3차례나 집단체조(마스껨: mass game)에 동원되었다. 집단체조 출연 준비를 위해 기계체조, 군의 창격전(총검술)을 배웠다. 집체적인 동작을 익히기 위해 우리는 훈련이 끝나도 귀가하지 않고 서로 도와주며 동작을 익혔다. 부모님들이 점심 때마다 끓여다 주는 우거지국을 먹으면서 훈련 과정에 있었던 긴장을 풀기도 했다. 집단체조의 내용이 독재체제를 선전하는 것이기는 하지만, 준비기간은 학급 내 친구들 간 그리고 친구와 부모, 교사와 부모 간 정을 나누는 기회이기도 했다. 1977년 6월 당시 유고슬로비아 연방공화국 티토 대통령은 북한을 방문하면서 우리들의 집단체조를 참관했다. 이 방문은 1975년 김일성의 유고 방문에 대한 답방형식으로 이루어졌다. 이 집단체조를 보여주기 위해 근 1년간 훈련을 했다. 북한은 티토 대통령을 극진히 대접했는데, 소문에 의하면 집단체조를 보고 감격한 티토 대통령이 집단체조에 참가한 모든 성원들에게 스위스제 시계를 선물로 전해달라고 했다고 한다. 김일성의 이름이 새겨진 명함 시계는 참여한 교사들에게 수여되었고 우리 학생들에게는 70년대 당시에 먹어보기 힘든 돼지고기 통조림(500그램)이 한 개씩 지급되었다.

외부의 시각에서는 북한의 집단체조가 어떻게 비춰질지 몰라도 집단체조에 참여한 나에게는 평양시에 거주한 학생이었기에 참여할 수 있었다는 생각에 가슴이 뿌듯했다. 지방의 사촌들도 이러한 나를 무척 부러워했다.

대학 강의를 하다가 문득 오늘날 나의 조국인 대한민국이 대학생들에게 기대하는 것은 무엇인가를 생각해본다. 북한은 '민족간부' 양성을 대학 교육의 목표로 하고 있다. 그 미명하에 대학생들에게 군인정신을 강요하고 있는데 나의 군인정신도 대학 생활 과정에서 강해진 것 같다. 북한에서는 대학교 2학년생이 되면 남녀를 불문하고 6개월간 대학생 교도대원으로 병영생활을 해야 하며, 기숙사생들은 대학교 전 기간 '사관학교'식 일과 생활을 해야 한다. 기숙사 일과는 새벽 6시 기상으로 시작해 밤 10시 점호에 이르기까지 군 일과대로 진행된다. 대학교 교내생활 역시 군 편제로 운영된다. 대학교는 연대, 학부는 대대, 학과는 중대라고 부른다. 대학교 연대장은 군제대자 출신의 학생이며 학급의 대표자 역시 대부분 군제대 출신의 소대장이다. 학생들 사이에는 선배, 후배란 부름 대신 군에서의 상급병사, 하급병사라는 칭호와 유사하게 상급생, 하급생이라 부른다. 말만 들어도 위계관계가 느껴진다.

역설적이게도 북한이 나에게 빼앗은 것이 있어 오늘의 나를 남한에 있게 해준 것 같다. 북한에서 잃어버린 과거가 있어 남한에서의 오늘의 삶이 더욱 소중한 것이다. 대한민국이 나에게 준 것과 비교할 바가 안 되지만, 북한이 나에게 준 것이 이곳 자유민주 체제 환경과 조화되면서 내일이 기대되는 것 같다.

주먹을 쥐고는 악수할 수 없다는 말이 있다. 남북한 대결이 하루빨리 종식되어 한반도에 평화가 깃들길 누구보다 간절히 바라고 또 바란다. 저기도 조상의 혼이 있고 친지들이 있는 내 조국이기에.

생활총화에 기록된 뱀 사건, 추억 많은 시골학교

김 영 희(남북하나재단 대외협력부장)

1. 내가 자란 깨밭골

내가 태어난 곳은 깨밭골이라 불리는 북한의 북쪽 지역 작은 산골 마을이다. 출생 전 깨를 많이 심어 그런 지명이 붙었는지 모르겠으나 내가 자랄 때는 깨 심은 밭이 많은 것 같지 않았다. 집 옆으로는 산골 물이 흘러내렸고 뒤로는 울창한 산림이 있었다. 그래서인지 나는 어릴 때부터 산과 친숙했다. 동네 또래 아이들과 산에 올라 산딸기도 따 먹고 때로는 고사리를 꺾기도 했다. 고사리를 한 보자기 짊어지고 집 어귀에 들어설 때면 내 발자국 소리를 듣고 어머니가 반기면서 웃으며 달려 나오곤 했다. 어머니께 조금이나마 기쁨을 드릴 수 있는 순간이었던 것 같다.

해마다 가을이면 아버지와 함께 송이버섯을 캐러 산에 오르곤 했다. 송이버섯 한 개를 발견하면 그 주변에서 많은 송이버섯을 캘 수 있었는데 그것이 참으로 신기했다. 아버지는 송이 철이면 송이버섯을 캐러 늘 산에 오르셨기 때문에 송이버섯을 잘 발견하는 신비한 능력을 가지고 계셨다. 이른 새벽 산에 올라갈 때는 이슬에 바짓가랑이가 흠뻑 젖곤 했어도 집으로 돌아올 때는 한 바구니 담긴 송이버섯이 아버지의 이런 수고를 싹 가셔주었다. 풍로 불을 피우고 그 위에 송이버섯을 놓고 소금을 뿌려 구이를 해

먹으면 그 맛이 일품이었다. 온 동네에 송이향이 퍼지고 옆집의 풍로에서는 옥수수를 굽고 또 그 옆집의 풍로에서는 감자를 구워 함께 나누어 먹곤 했다. 시골 동네는 네 것, 내 것보다 늘 함께 나누는 것이 일상이었다.

내가 살던 동네 또래 친구들은 모두 남자애들이었다. 유일하게 여자애는 나 혼자여서 늘 남자애들과 어울려 다녔다. 철없을 때는 어둠이 내리면 숨바꼭질을 하느라 정신이 없었다. 개울에 가서 물장구를 치며 모래무치, 새치네라는 작은 물고기도 잡아 남자애들이 구워주는 것을 얻어먹기도 했다. 이런 놀이 중 제일 재미난 놀이는 집에서 조금 떨어진 과수원 습격이었던 것 같다. 내 임무는 망보기와 남자애들이 따온 살구나 배를 속옷과 치마에 담아가지고 과수원 울타리를 빠져나오는 것이었는데 아랫도리가 드러나도 창피한 줄 몰랐다. 때로는 과수원을 지키는 할아버지가 우리를 발견하고 막 쫓아오기도 했는데 잡히지 않으려고 숨이 턱에 닿도록 달리고 달려 마을 어귀에 도착하곤 했다. 몰래 따온 배나 살구를 손으로 닦아 입에 넣으면 왜 그리도 달고 맛있었던지, 내 성격이 시원시원하고 대인관계가 좋다는 평가에는 아마 어린 시절 동네 남자애들과 어울린 것이 한몫하지 않았을까 하는 생각이 든다.

이젠 그 애들도 누군가의 아내나 남편으로 나처럼 50대 후반이 되었고 남과 북, 지역은 다르지만 나처럼 추억할 때도 있을 것이라는 생각이 든다.

2. 나의 재능을 꽃피워 준 산골학교

내가 다닌 학교는 학생 수가 많지 않아 초등학생과 중·고등학생이 한 학교 건물을 사용했다. 초등반과 중·고등반 학생을 합쳐봐야 500명 남짓했는데, 10년간 한 건물에서 교내생활을 해서인지 부모님들이 어디서 일하고 오빠나 동생은 누군지 그리고 누가 공부를 제일 잘하는지 잘 알게 되었다.

그뿐만 아니라 우리 학교에는 음악 소조, 체육 소조, 다과목 소조가 있었는데, 전교생이 적어서 본인이 조금만 노력하면 소조 활동을 통해 재능을 펼칠 수 있었다.

전교생 구성을 보면 주로 병원 의료종사자, 탄광노동자, 농장원들의 자녀들이었다. 탄광노동자의 딸도 농장원의 아들도 재능이 있으면 돈 한 푼 내지 않고 방과 후 소조원으로 활동할 수 있었다.

매일 학생들과 함께 있어서인지 선생님은 부모님보다 담임한 학생들의 성격이나 소질을 훤히 꿰뚫고 있었다. 아이들의 재능에 따라 운동신경이 좋은 애는 체육 소조에, 음악 기량이 있어 보이는 애는 음악 소조에 넣어주곤 했다. 나의 아버지와 어머니의 경우도 딸의 성적표를 통해 공부는 어느 정도 하는지 알았지만, 음악에도 소질이 있다는 것을 무대 앞에서 선 모습을 통해 확인할 수 있었다고 한다.

나는 담임 선생님의 추천으로 초등학교 때 음악 소조원으로 활동했다. 내가 처음 배운 악기는 중해금이었는데, 음악 소조원들은 매주 이틀씩 그리고 주말이나 방학 기간을 이용해 악기나 노래 연습을 했다. 그럴 때면 다른 애들은 옹기종기 집들에 모여 방학 숙제를 하거나 놀음을 즐기지만 우리에겐 그럴 시간이 없었다. 숙제는 스스로 시간을 내서 해야 하니 사실 놀고 싶은 생각이 들어 지칠 때가 많았지만, 그때마다 선생님의 다독임이 나를 다시 일어서게 해주셨다. 만약 선생님께서 나를 음악 소조원으로 추천해 주시지 않으셨다면 학교의 예술 공연 무대, 주변 농장과 탄광의 문화회관 무대에 나설 수 없었을 것이다.

10대에 배운 악기를 졸업 후에는 한 번도 다뤄 본 적이 없어 지금은 많이 서툴겠지만 그때로 돌아가 '아리랑'을 연주해보고 싶다. 그 시절이 생각나 몇 년 전에는 바이올린을 사서 해금 대신 켜보기도 했고, 회사 내 첼로 동아리에 들어가 배워보기도 했다.

중학교에 입학하고 나서는 담임 선생님의 추천으로 다과목 소조에 들어갔었다. 다과목 소조에서는 방과 후 수학, 물리, 화학, 생물을 공부하는데 수업료가 무료이다. 중학교 1학년 때부터 학급별로 1~3등 권에 드는 학생들을 뽑아 집단적으로 공부를 시킨다. 다과목 소조에 들어간 학생은 2학년부터 전교생이 의무적으로 나가야 하는 농촌 동원에 제외되는 특권도 있다. 대신 학업성적에 대한 선생님들의 통제는 강했다. 소조원들은 과목별로 선생님이 내어 준 문제를 풀어야만 집으로 갈 수 있었는데, 과제를 제시하고는 밖에 나가지 못하도록 창문과 출입문을 자물쇠로 잠그기도 했다. 그날 제시된 문제를 밤늦게야 다 풀게 되는 경우도 있었는데, 이럴 때면 담임 선생님의 기숙사에서 자고 다음 날 함께 등교하기도 했다. 지금은 이 세상에 없지만 우리 담임 선생님 같으신 분이 또 있을까 하는 생각이 든다.

3. 북한의 분단위원장

북한의 초등학교 학생들은 2학년이 되면 조선소년단에 의무적으로 입단한다. 학급 내에 소년단 조직이 구성되는데, 학업성적이나 품행이 바른 학생들은 학생 간부로 선출된다. 총책임자는 분단위원장이다. 여기로 말하면 분단은 학급을 의미하며, 분단위원장은 학급의 회장 격인데 그 의미가 약간 다르다. 남한의 학급에서는 회장 한 사람이 학급의 학생들을 통솔하지만 북한은 두 가지 영역으로 나누어져 있다. 조직사상 생활영역에 대한 통솔권을 가진 분단위원장과 일반 생활영역에 대한 통솔을 가진 학급반장이 있다. 북한의 초등학생들은 북한 주민으로서 첫 조직생활인 소년단 생활을 시작하면서부터 조직적 통제와 일반통제의 두 개 영역의 통제에 순응하게 되는 것이다.

학급 내 분단위원장과 학급장 사이 위계관계를 보면 당연히 학생들의 조직사상 생활에 대한 통솔권을 가진 분단위원장이 우위이다. 왼팔에 붙인 간부표식만 봐도 알 수 있는데, 분단위원장은 두 줄에 별이 3개지만 학급장은 두 줄에 별이 2개뿐이다. 분단위원장 선거는 남한의 학급 내 회장 선거처럼 여러 후보자 중에서 한 명을 선출하는 방식과 다르다. 선생님이 후보자로 정해 놓은 분단위원장을 발표하고 학생들이 손을 들어 찬성하는 방법으로 선출한다. 나는 영문도 모른 채 분단위원장에 선출되었다.

우리 학급은 여자애가 12명 남자애가 14명 있는 남녀 합반이었다. 교실이나 운동장 청소를 할 때면 남자애들이 여자애들에게 도움이 되지만 짓궂은 장난기가 발동할 때가 많았다. 특별히 키가 커서 '키꺽다리'라고 불리던 농장 리당비서 아들이 여자애들을 놀리는데 유별났다. 그 애 아버지는 김일성의 접견을 받은 '접견자'였다. 아버지의 배경을 믿어서 그런지 공부는 하지 않고 여자애들을 괴롭히는 일만 골라 했다. 여자애의 책가방이나 신발주머니에 왕메뚜기나 주먹만큼 큰 개구리를 몰래 넣어 놀라게 했다. 그때마다 매주 1회씩 진행되는 생활총화 회의를 집행하는 내 목소리는 높아지곤 했고, 우리 분단(학급)의 생활총화 기록부에는 거의 매주 그 애 이름이 기록되곤 했다. 그에 대한 앙갚음인지 한 번은 분단위원장인 나를 크게 놀린 적도 있었다.

초등학교 4학년에 접어든 어느 날이었다. 다른 때와 마찬가지로 나는 생활총화를 주관하기 위해 생활총화 기록부를 놔둔 채 담임 선생님을 모시러 교무실에 가면서 자리를 잠깐 비웠다. 생활총화 시작을 알리고 기록부의 책장을 넘기는 순간 나는 소스라쳤다. 뱀이 있었던 것이다. 살아있었다면 아마 까무러쳤을 것인데 다행히 죽은 뱀이었다. 애써 감정을 감추려 했지만 심장이 쿵쿵 뛰고 손발이 오그라들었다. 나는 분단위원장으로의 자세를 잃지 않으려고 생활총화 기록부를 움켜진 채 교실 창문 밖으로 뱀을 홱 털어버렸다. 학생 모두의 시선이 나의 옆자리에 앉은 담임 선생님에게 쏠리고 숨소리조차 들리지 않을 정도로 조용했다.

"누구야, 저기 뱀을 넣은 새끼 당장 나와" 평소 웃음 많던 담임 선생님의 얼굴이 일그러졌고 격한 음성이 교실을 들었다 놓았다. 회초리를 휘두르며 남자애들에게 다가가 한 사람, 한 사람 훑어보았는데, 키꺽다리에게 시선이 돌려지고 회초리가 가리켜지자 그제서야 사실을 털어놓았다. 그날 생활총화에서 비판 대상은 당연히 키꺽다리였는데 특별한 기록으로까지 남게 되었다.

고등중학교 졸업 후 키꺽다리는 공부와는 거리가 멀어 대학에 갈 수 없었다. 대신 군에 입대하여 평양으로 떠났다. 건장한 체격에 성분이 좋은 선택된 사람들만 갈 수 있는 김정일의 '친위부대' 대원이 되었다. 그 이후로 나는 대학에 입학했고 그 남자애를 만난 적이 없다. 앞으로 만날 기회가 온다면 그때 왜 나를 놀렸는지 물어보고 싶다.

북한의 분단위원장은 남한의 학급 회장보다 하는 일이 많다. 학교 소년단위원회에서 진행하는 회의에 참석해야 하고 또 전교 소년단총회에서 분단을 이끌어야 한다. 매주 생활총화와 월별, 분기별, 연간별로 진행되는 분단총회를 계획하고 집행해야 한다. 분단총회 때는 총회보고서, 생활총화 때는 생활총화 기록부를 작성해야 한다. 매월 분단이 해야 할 과제를 기록하는 분단사업계획서와 각 분단(학급) 성원들에게 과제를 주는 분공안도 만들어야 한다. 겨우 10살밖에 안 된 어린 학생이 이것을 감당하는 게 쉽지 않았다. 첫해에는 담임 선생님의 도움으로 작성하지만 그 다음해부터는 분단위원장인 내 몫이다. 결국 초등학교 2년 동안은 분단위원장으로 분단총회 보고서를, 중·고등학교 5년 동안은 초급단체위원장으로 초급단체 총회 보고서를 썼다.

남한에 입국한 후 아들은 서울의 일반 학교에 입학하였는데, 첫 학기인 초등학교 3학년 때부터 중학교 3학년까지 7년간 학급 회장을 놓친 적이 없다. 그러나 엄마가 북한에서 분단위원장이나 초급단체 위원장 활동을 하면서 진행한 각종 보고서 쓰기와 회의 진행을 경험하지는 못했을 것이다.

지금도 그 시절 분단총회나 초급단체 총회 보고서를 쓰던 기억이 생생하다. 분단총회나 초급단체 총회 보고서는 개최하게 된 배경과 목적, 성과와 문제점, 원인과 대책 이러한 체계로 나열되는데, 지금 내가 쓰는 보고서의 논리적 전개와 별반 다르지 않다. 북한은 국가에 충성할 간부들을 어릴 때부터 체계적으로 키우기 위해 초등학교의 소년단 조직생활 시기에는 분단위원장 편제를, 중·고등학교의 청년동맹 조직생활 시기에는 초급단체 위원장 편제를 만들었다고 생각된다.

학급 아이들의 자발적인 추천으로 선거된 분단위원장은 아니었지만 책임을 다하려고 누구보다 열심히 노력했고, 그 과정에 길러진 리더십은 오늘 나의 삶에 적지 않은 도움을 주고 있다.

4. 고향에 빚진 마음

북한을 떠난 지 벌써 20년이 되어간다. 나의 어린 시절이 있고 청춘의 낭만이 있고 내 삶의 반이 흘러간 고향을 어찌 잊을 수 있으랴?

비 오는 날이면 북한에서의 대학생 시절, 비닐로 된 우비를 입고 쏟아지는 빗속에서 노래를 부르며 모내기를 하던 학급 동무들의 모습이 눈에 어른거린다. 눈 오는 날이면 무릎까지 쌓인 눈을 헤치며 기업소로 출근하던 것이 엊그제 일 같다는 생각이 든다. 이런 날 아침이면 출근을 빨리해야 한다. 남보다 먼저 도착해 사무실 앞에 쌓인 눈을 치우면서 뒤따라온 동료들과 인사를 건네는 때의 기쁨이 유별나기 때문이다.

언젠가 아들애가 "엄마, 북한에 있을 땐 복숭아도 맛있고 사

과도 맛있었는데 여기 것은 별로야"라고 말한 적이 있다. 남한의
풍요로움 때문만이 아닌 것 같다. 어린 마음에도 고향의 향수가
생각나는 때가 있어서 그런 것이 아닐까?

나는 늘 고향에 빚진 마음으로 살고 있고 부끄러움 없이 고향
사람들과 만날 그날을 그리고 있다. 고향은 내가 뛰놀던 학교, 희
로애락을 함께 한 친구들과 나의 부모 형제, 가족의 추억이 어린
곳이기에

지금은 어디 있느냐
그리운 나의 동무들!
개구쟁이 소꿉놀이와
학창 시절 탐구로 맺어진
못 잊을 동무들아
만나는 그날까지 안녕

내가 살았던 청진을 기억하며

박 은 비(통일부 공무원)

1. 청진을 통해 본 북한의 도시상

나는 북한의 청진에서 태어나 탈북할 때까지 그곳에서 성장했다. 고등중학교를 졸업하고 나서 평성 수의축산대학에 입학해 몇 년을 살았지만 졸업 후에 다시 청진으로 돌아왔다. 물론 잠깐씩 북한의 다른 도시와 지방으로 여행을 하기도 했지만 청진에 대한 추억이 제일 크게 남아 있다.

우리 가족은 북한 최고의 제철소가 있는 청진에서 직장을 다녔다. 아버지는 김책제철소에서 평생을 일하셨고 큰 언니는 청진에 있는 대형병원에서 일했다. 둘째 언니도 학교를 졸업하고 김책제철소에서 일했다. 청진은 북한에서 수도 평양과 함흥 다음으로 큰 도시이다. 주변에 무산과 부령, 경성과 회령을 두고 있으며 동해안에 비교적 길게 형성되어 있다.

청진에 대해 이야기하자면, 해방이 되고 나서 소련과 중국의 지원과 후광에 힘입어 많은 것들이 건설되었다고는 하지만 한계와 제약이 뚜렷한 도시이다.

사회주의 도시계획 이론을 도입하여 나름의 계획과 구조를 나타내려고 했지만, 북한 도시들의 대부분은 도시 간의 상호 의존성이나 연계보다는 그 '지역적 조건'을 이용한 도시인구의 삶의 지속에 목적을 두고 있다. 여기서 '지역적 조건'이란 원래 지리적으로, 환경적으로 주어진 것에만 의존한다는 의미이다. 도시의 현재 기능과 미래계획, 주변 도시들과 지역들과의 상생을 고려하는 남한과 세계의 주요 국가들의 인식과는 차이가 있다. 시민의 물질적 삶을 개선시킨다든지 도시의 특징들을 개발하여 관광을 활성화해서 수입을 올리겠다고 하는 것은 사회주의 도시계획 구조의 논리가 아니다.

북한 도시에 영향을 주는 환경은 우선 정치적 환경이다. 도시가 사회주의 혁명과 수령의 우상화에 이용할 수 있는 정치적 기능들이 얼마나 있느냐가 그것이다. 모든 것을 혁명에 연결시키고 그 혁명의 중심에 수령을 두는 북한 체제의 특성은 도시에서 혁명사적지와 현지 지도의 효과를 얼마나 극대화시킬 수 있는지로 판단된다.

다음으로 산업적 환경과 지리적 환경을 따진다. 산업적 환경에는 도시에 있는 주요 기업소와 생산 시설들, 그곳에 지원해 줄 에너지원들과 도시가 해안지대인지, 아니면 산간지대인지에 따라 시민들이 어떤 업종에 종사하고 먹을 것을 얻는지가 결정된다.

위의 기능에 기초해 청진이라는 도시를 요약한다면, 우선 일제 강점기에 김일성이 조선을 해방하는 과정에서 청진과 그 이웃 도시인 나진과 웅기(현재 나선시의 일부)가 중요한 지리적 배경이 되었다고 선전한다. 이러한 면에서 청진은 나름대로 '수령의 형상 창조' 능력을 갖추고 있다.

북한에서는 김일성이 나라를 해방하는 과정에서 청진과 나진, 웅기로 항일부대를 거느리고 일제와 혈전을 벌이면서 조국 땅으로 진군했다고 선전한다.

그리고 북한 최고의 제철소인 김책 제철소를 두고 있는 도시로서 김일성이 이 도시에 엄청난 관심을 보였다. 청진시 포항구역의 광장에 있는 김일성의 동상이 바로 그 증거이다. 이곳 제철도시를 수령이 한시도 잊지 않고 있다는 것과 이 도시도 김일성의 수하에 있음을 잊지 말라는 무언의 신호가 바로 김일성의 동상인 것이다. 여기에 김정일의 현지 지도에 대한 업적이 더해지면서 이 도시의 정치적 환경이 극대화된다.

산업적 환경으로는 제철소와 항구가 거론되며 여기에 발전소와 철도망들, 각종 중소형산업시설과 경공업 공장들이 그것을 풍부하게 한다. 지리적 환경으로는 동해안의 대표적 항구도시라는 것과 주변의 칠보산과 함경산맥을 들 수 있다.

그렇지만 이 도시는 매우 메말라 있다. 흔히들 배급제 이전과 이후로 북한 사람들의 삶을 비교하지만 그것만으로 진단할 수 없는 청진이라는 도시 역사가 있다. 도시의 삶이 원래 그렇다고 하지만 이 북쪽 도시는 특별하다. 각박한 자연 환경으로 인해 주민들은 남에게 의존하지 않고 자기의 삶을 스스로 꾸려나가는 데 익숙하다. '청진 여자'라는 별칭은 북한 내에서 아끼고 살림 잘하고 알뜰한 여자의 전형으로 불린다. 바다 어업으로만 생계를 유지할 수 없는 곳이 청진이다. 함경도 지방은 겨울이 길고 재배되는 농작물의 종류가 제한되어 있어서 청진 사람들이 다가올 절기에 대비하는 것은 북한의 다른 지방과는 비교할 수 없다. 청진뿐만 아니라 북한의 북쪽 지역은 대개 그랬다.

일제 식민지 기반을 갖고 성장한 청진은 현대에 들어 국가에 의한 인프라 조성과 보수, 개발이 거의 이루어지지 못하고 있다. 이곳 시민들에 의해 운영되고 관리될 뿐이다. 청진시 송평과 나남의 노동자 밀집지역, 청암과 포항, 수남을 비롯한 도시 지역은 그런 연고로 사람들을 매우 부지런하게 만든다. 즉 사회주의와 국가를 위해 부지런한 것이 아니라 자신들의 삶의 연명을 위해 그렇게 살아가는 것이다.

청진이라는 각박한 도시에서 사람들은 모두 직장인이자 '풀뿌리 상인'이다. 즉 국가 질서에 순응하면서 삶 자체를 연명해 나가는 것이 이 도시 사람들의 정신인 것이다. 물론 북한의 여느 도시의 시민들도 다들 그렇게 살아가고 있다.

그 속에서 사람들은 자녀를 낳고 교육하고 결혼시키면서 대를 이어간다. 우리 부모님도 그곳에서 그렇게 우리 세 딸을 먹이고, 입히고, 교육하고, 좋은 직장에 배치시키는데 최선을 다하면서 사셨다.

2. 지금도 겨울이면 발이 시리다.

북한에서의 대학 생활 추억 가운데 한 가지는 '겨울 나기'이다. 평성은 평양 근처에 있는 '위성도시'로서 '관문도시'로 불리기도 하지만 사실은 북한을 대표하는 교육도시이기도 하다.

겨울 방학을 할 때까지 늦가을부터는 추위와의 싸움이다. 기숙사가 온수로 난방을 하는 시스템을 갖추고 있긴 하지만, 석탄이 제대로 공급되지 못해 사실상 제 기능을 하지 못하고 있다. 겨울철 난방용으로 할당된 석탄이 대학에 정상적으로 공급되지 못하기 시작한 것은 1980년대 중반부터이다. 게다가 난방시설의 보수작업이 제대로 이루어지지 못해서 난방을 공급해도 그리 따뜻하지 않으며 난방 시간마저도 매우 짧았다.

그러다 보니 학생들 모두가 방학이 되면 집에서 각종 버선과 덧양말을 준비해 와서 신는다. 밤에 잠들려고 이불속에 들어가면 온몸이 사시나무처럼 덜덜 떨린다. 방학까지 하루하루 기다리는 것은 말 그대로 고통이다. 이로 인해 지금도 발이 시리고 몸이 떨리는 정신적 트라우마에 시달리고 있다. 남한에 와서도 찬 바람이 불거나 날씨가 조금만 쌀쌀해도 발부터 시리다. 지금도 난방이 그렇게 잘되는 서울의 집에서 나는 털버선을 신고 지낸다.

대학 시절 먹던 야식의 추억이 요즘도 가끔 떠오른다. 방학 때 집에 갔다가 돌아올 때 간식을 싸온다. 그리고 학기 중에 평성 쪽으로 여행 오는 가족과 친척들에 의해 한 학기 동안 먹을 간식이 전달되기도 한다. 북한 대학교의 기숙사에는 냉장고 시설이 없어서 대부분의 간식은 장기간 보관이 용이하거나 변하지 않는 음식들이다. 각자 자기의 사물함에 쇠를 잠그고 생활하면서 저녁 시간에는 간식을 꺼내 조금씩 먹고 잠든다. 하지만 같은 기숙사를 사용하는 친구들의 가정 형편이 각각 다른지라 간식을 조금밖에 준비해 오지 못한 친구들이 간혹 있었다. 그렇다고 간식을 꺼내서 혼자 먹을 수도 없다.

다행히 나는 엄마가 늘 풍족한 먹을거리를 준비해서 보내주었기 때문에 학기가 끝날 때까지 같은 방 친구들과 나누어 먹을 수 있었다. 그리고 입던 옷가지 가운데서도 꼭 필요치 않은 것은 친구들에게 나누어 주어서 그들도 추위를 함께 견딜 수 있게 도와준 추억도 있다.

북한이 자주 사용하고 있는 단어인 '인민', '인민 생활', '사회주의 지상낙원' 등은 미사여구에 지나지 않는다. 북한이 어려워질 수밖에 없었던 원인 가운데 한 가지는 후계자를 김정일로 정한 것이다. 김정일이 정치를 하면서 북한의 인민 생활은 '자체로 알아서 살아가야 하는' 체제로 바뀌었다. 김정일이 김일성을 대신하여 정치하는 기간 동안 수령인 김일성에게 올라가는 모든 보고서들에서 북한은 '천국'으로 묘사되거나 거짓으로 포장되었다. 김일성은 조작된 보고서만 믿고 행복해했다. 그런 상황은 1970년대부터 1990년대까지 이어졌다. 김정일은 가극을 만들고 영화를 제작하는 데에 열정을 보였을 뿐 일반 주민들의 삶에는 전혀 관심이 없었다.

과거를 회상하다 보니 대학 시절 친구들이 보고 싶다. 통일이 되는 날까지 모두 살아 있기를 기원한다.

함경북도 온성 땅을 회상하며

최 영 일

1973년 고향인 양강도 신파군(김정숙군) 룡하리를 떠나 부모님과 함께 함경북도 온성군 풍인 노동자구로 이사를 했다. 말이 이사이지 탄광의 노동력을 보충하기 위한 재추방이었다.

나의 아버지는 평안북도 선천 출신이다. 해방 전 낫 놓고 기역자도 모르던 시절 평안북도 선천 땅에 자리 잡은 미국장로교 출신 선교사들이 세운 학교에서 할아버지, 할머니가 한글을 배우고 기독교 신앙을 가지게 되었다. 1960년대 이후 북한은 모든 사람들을 3개의 계층으로 구분하고(핵심계층, 중간계층, 복잡계층), 해방 전 기독교 신앙을 가졌거나 교회에서 목사, 장로, 집사로 활동한 사람들을 복잡계층에 포함시켰다. 복잡계층에는 기독교인들과 해방 전의 지주, 자본가 출신들, 반당 반혁명 종파분자와 그 후손들, 재일조선인 교포 출신들 가운데 조국으로 돌아온 것을 후회하고 북한 정권에 대항했던 사람들, 신 해방지구(1953년 7.27 정전협정에 의해 전쟁 전에 남한지역이었다가 전후 북한지역에 들어간 개성을 비롯한 경기도, 황해도의 일부지역) 출신들, 치안대(전쟁 시기 미군이나 국군을 도와 일했던 사람들) 출신의 사람들이 포함되어 있었다.

어머니는 중국 길림성 류하현 고산자 출신이다. 해방 전 외증조할아버지를 따라 중국으로 들어간 외할아버지는 중국에서 결혼하고 외삼촌과 엄마를 낳았다. 이후 1950년대 후반 부모님을 따라 북한으로 들어와서 평양에 사시던 어머니의 가족도 양강도 신파군 룡하리로 추방을 당했다. 추방당한 이유는 해방 전 중국에서부터 기독교 신앙을 가진 외증조할아버지와 외할아버지 때문이었다.

6·25 전쟁 때 중국군에 밀려 미군이 북한지역에서 퇴각하면서 미군들은 북한 주민들에게 다음 해 진달래꽃이 필 때면 돌아오겠다고 약속을 했다. 하지만 미군은 그 이후 돌아오지 못했다. 당시 북한에는 '진달래꽃이 필 때' 미군이 돌아오기를 기다리는 기독교인들과 반사회주의 성향의 주민들이 많았다. 그래서 당시 '진달래꽃이 핀다'는 용어는 북한에서 자유의 시대가 다시 도래한다는 것을 암시하는 은어였다. 그렇게 자유의 회복과 신앙생활의 회복, 즉 예배, 봉사 등 기독교적인 생활을 원했던 사람들이 평양의 일부 건물의 지하에 몰래 숨어 성경을 읽고 기도를 드리면서 공동체 생활을 하기도 했다.

1967년 8월 26일부터 27일 사이 평양에는 많은 비가 쏟아져 도시 대부분이 물에 잠기는 일이 있었다. 억수로 퍼붓는 비에 건물들이 물에 잠기게 되자 지하로 물이 쏟아져 들어왔고 숨어있던 지하교인들이 밖으로 대피하게 되었다.

집단적으로 몰려다니는 사람들을 보고 놀란 시민들이 안전부(경찰)에 신고했고, 결국 지하교회에서 예배드렸던 대부분의 사람들이 체포되었다. 체포된 사람들 중에는 허름하고 때가 묻은 옷을 입고 머리가 장발인 채 수염도 깍지 못해 더부룩한 사람들이 많았다. 그리고 그들의 얼굴은 오랜 지하 생활로 하얗게 질려 있었다.

외증조할아버지와 외할아버지도 이때 체포되었는데, 외증조할아버지는 엄청난 고문을 이기지 못하시고 체포 이틀 만에 돌아가셨다. 그리고 지하교인들에게 밥과 외부정보, 옷가지와 생활용품 등을 공급하던 할아버지도 가족들과 함께 양강도로 추방당했다.

아버지와 어머니는 양강도에서 만나 결혼하였고 내가 장남으로 태어났다. 룡하리는 산이 겹겹이 쌓인 곳으로 한반도의 대표 고원인 개마고원에 위치하고 있다. 주변에는 1000~1500미터 이상의 산봉우리들이 둘러싸고 있으며 한낮에도 숲속에 들어서면 햇빛을 보기 힘들 정도로 바늘잎나무 숲이 빼곡히 펼쳐져 있다. 그리고 산짐승들이 많은 곳이다. 겨울에는 춥고 지리적으로 높은 곳에 마을이 위치해 있다 보니 농작물 재배가 쉽지 않았다.

감자와 함께 밀과 보리를 심었다. 채소는 양배추가 대부분이었다. 옥수수는 잘 자라지 않고 벼농사는 되지도 않는 이곳 마을 사람들의 주식은 감자와 밀, 보리가 전부였다. 고추 농사가 되지 않는 관계로 이 지방 사람들의 최대 소원은 매운 것을 한 번 실컷 먹어보는 것이다.

전국적인 계층 구분에 의해 평양시가 완전 정리되고 함흥과 청진, 평성을 비롯한 도시들에서 사람들이 추방되는 일들이 많아지면서 양강도 신파와 후창, 삼수, 갑산, 풍서, 운흥과 백암을 비롯한 많은 산간지방에 추방자들이 넘쳐났다. 북한은 이들 가운데서 다시 걸러낸 일부 사람들을 함경북도와 평안도를 비롯한 지역의 큰 탄광촌으로 재추방했다.

우리 세 식구가 쫓겨 간 함경북도 온성은 한반도의 최북단(온성군 풍서리에 최북단 표시)이다. 북한의 대표적인 석탄 산지는 평안남북도와 함경북도이다. 평안남북도에 매장된 것의 대부분이 무연탄이라면 함경북도는 갈탄이다. 회령과 온성, 경원과 경흥을 비롯한 북부지구 탄광에는 신분이 좋지 않은 사람들이 많이 살고 있었다. 국군 포로, 추방자들의 거주지로 유명한 아오지탄광도 경흥군에 위치하고 있다.

탄광의 지하에 들어가 일하는 사람들과 광산에서 일하는 사람들, 농장에서 일하는 사람들과 산에서 나무를 베는 등의 작업을 하는 사람들은 최하위 계층의 사람들이 대부분이다.

북한 사회에서 이들에게 신분 상승의 기회는 거의 없다. 그냥 죽도록 일만 하다가 늙어야 한다. 혹여 노동당원이라도 되려고 애를 쓰다 보면 신체의 일부가 훼손될 정도로 일하거나 병을 얻거나, 둘 중의 하나의 희생을 동반해야 한다. 온성군에만 해도 온성탄광, 주원탄광, 상화탄광, 풍인탄광을 비롯해 1~2급에 속하는 대형탄광이 있고 그 밖에도 많은 중소형 탄광들이 있다.

우리 가족이 쫓겨 간 곳은 풍인이라는 지역이었다. 공식 명칭은 함경북도 온성군 풍인노동자구이다. 온성읍에서 약 4km 정도 떨어져 있는 노동자구로서 6천 명 이상의 탄광 노동자들과 그 가족들, 협동 농장원들과 약간의 철도 노동자들, 중소형 탄광 노동자들과 그 가족들을 포함해 2만 명 가량이 살고 있는 탄광촌이었다. 이곳에서 여동생과 남동생이 태어나 우리 가족은 다섯 식구가 되었고 탈북할 때까지 거기에서 살았다.

풍인이라는 기차 역전에서 가까운 철도마을에서 살게 된 것은 원래 풍인탄광이라는 1급 대형탄광에서 일하시던 아버지가 굴이 무너지는 사고로 다리를 다쳐 병원에 입원한 이후 다리에 약간의 장애를 입고 철도 탄광이라는 작은 소형탄광으로 이직을 하게 되면서부터이다. 주변에는 풍인노동자구 사무소와 기차 역전이 있고 풍인구 분주소(남한의 파출소에 해당)와 체신소(남한의 우체국에 해당)와 식량 배급소가 집에서 200미터 내에 위치해 있는 노동자구의 중심이었다.

철도역 구내를 가로질러 건너가면 탄광의 저탄장(탄광에서 탄을 캐서 기차에 실어 다른 지역으로 보내기 위해 저장하는 대형저장소)이 있고, 이곳 사람들은 대부분 이 저탄장에서 석탄을 가져다 난방을 하고 살아간다. 풍인노동자구의 주변 마을로는 온성군 미산리와 왕재산리, 두루봉리가 있었다. 북한에서 리는 주로 농사를 짓는 협동농장 위주로 운영되는 마을이다. 내가 살던 풍인에도 협동농장이 있었으며, 약 1000명 가량의 농장원들과 그 가족들이 살았다.

나는 집에서 약 3km 정도 떨어진 곳에 있는 인민학교(초등학교)를 졸업했다. 당시 담임이었던 여선생님은 우리 학급을 졸업시키고 나서 결혼했으며, 현재 개성시에 살고 있다고 한다. 고등중학교는 자택에서 1.5km 정도 떨어진 곳에 있었고, 당시는 남학생들만 공부하는 풍인남자고등중학교라 불리는 학교였다. 풍인노동자지구에는 인민학교 한 개와 중학교 두 개가 있는데 하나는 남자고등중학교, 다른 하나는 여자고등중학교였다. 내가 학교에 다니던 당시 남자고등중학교의 학생은 1800명가량이었고, 여자고등중학교는 1200명가량의 학생들이 있었다.

겨울에는 두 달가량의 방학이 있었고, 여름에도 겨울보다는 짧은 방학이 있었다. 방학 기간에도 거름 주기와 퇴비 동원, 탄광

노동자들을 위한 환영회 등에 동원되었고 명절이면 이웃 왕재산 리에 있는 김일성의 동상에 가서 꽃다발을 바치고 참배하는 일정이 해마다 연례적으로 진행되었다.

고등중학교 때는 개학하고 나서 봄철에는 길게는 40일까지, 짧게는 20일 동안 농촌 지원에 동원되었고, 이때는 탄광의 노동자들도 생산을 어느 정도 축소하고 농촌 지원에 나갔다. 농장에는 기계화가 되어 있지 않은 탓에 인력으로 모내기와 강냉이 영양단지 심기를 하다 보니 일손이 턱없이 부족했다.

학교 시절에는 파고철과 파동(구리), 파늄(알루미늄)과 장갑 등의 할당량을 배정해 정기적으로 학교에 상납하도록 했다. 철도의 전기화를 해야 하는데, 국가의 외화 부족으로 전기선용 구리를 외국에서 사올 수 없게 되어서 인민들의 피땀을 짜내는 식으로 부족량을 할당하는 데에서 생긴 일들이다.

거의 모든 학교에는 50~70마리 정도의 토끼를 키우는 토끼사가 있었는데, 운영 책임은 사로청지도원과 소년단 지도원이 지고 있었다. 여기에 학급별로 방과 후 풀을 뜯어다 토끼사에 바쳐야하며 고기와 가죽은 인민군대와 탄광의 지원물자로 사용되었다.

이 밖에도 학생들에게는 각각 토끼 가죽 할당량을 정해주고 (3~15매), 이것을 초과 달성하게 되면 '배움의 천리 길'과 '광복의 천리 길' 답사 행군에 보내주는 등 표창 행위가 이루어졌다. 배움의 천리 길이란 김일성이 어린 시절 조국광복을 위해 국내에서 만주로 갈 때 도보로 이동하고 만주에서 평양으로 돌아올 때 역시 도보로 왔다는 그 여정을 돌면서 사상교육과 교양을 받는 것으로 일정은 약 14일간에 걸쳐 진행된다. 모든 학생들이 가는 것이 아니고 공부를 잘한 학생이나 조직생활, 과외활동 등에서 모범을 보인 학생들이 선발되어 참여한다.

고등중학교 4학년부터는 군대에 가기 위한 예비 신체검사가 약간씩 진행되다가 5학년 들어서부터는 대대적으로 진행된다. 그리고 6학년 때에는 학교 교육과정을 마치기 전부터 군대에 가는 남학생들이 있으며, 졸업 즈음에는 거의 60% 이상의 남학생들이 군대에 간다. 남은 학생들은 대학교 입학시험을 치르고 전국의 대학으로 진학한다.

나는 대학 시험에 합격했지만 부모님의 만류로 가지 않았다. 부모님이 나를 군대에도, 대학에도 보내지 않은 것은 그 땅의 군대와 대학이 나를 진정한 인간으로 배양할 수 없다는 나름의 판단 때문이었다. 신분이 좋지 않은 배경을 가지셨지만 아버지와 어머니의 지적인 역량과 북한 사회에 대한 판단은 여느 북한 사람들보다 뛰어나셨다. 이후 아버지가 철도소속 탄광에 다녔던 관계로 나는 철도에 들어가 일할 수 있었다.

고등중학교를 졸업한 이듬해인 1988년 북부철도총국 '삼봉철도관리국' 선전대에 들어가 방송원으로 일했다. 선전대는 철도 가족들 가운데 어려서부터 예술 기량이 있는 집 자녀들을 선발해 철도관리국 내의 선전 활동을 전담하도록 하는 부서이다. 철도관리국 당 위원회 선전부에서 관리하며 선전비서와 선전부부장, 선전부 책임지도원과 지도원들이 개입하여 지도와 채용 등을 진행한다.

1995년부터 식량 공급이 정상적으로 이루어지지 않았다. 이로 인해 백미밥을 공급받던 철도 기관사들도 잡곡밥과 국수를 배급 받았고 그마저도 양이 줄어드는 게 눈에 띄게 나타났다. 이듬해부터는 노동자들에게 식사를 공급하지 못하는 날들이 많아졌으며, 가을철에 들어서는 문을 닫는 날이 잦아졌다.

철도 선전대에서의 기억 가운데 추억 한 가지를 꼽으라면 남한 라디오를 처음 접했던 것이라 할 수 있다. 내가 선전대에 간 이듬해인 1989년에 선전대에 먼저 들어가 있던 풍인남자고등중학교의 5년 선배로부터 남한 라디오를 접하게 되었다.

지금 생각하면 그 수많은 날들을 어떻게 잠을 자지 않고 그것에 빠져 있었는지 믿어지지 않는다. 거의 2년간은 두세 시간 정도밖에 잠을 자지 않았다. 저녁 10시가 지나야 잡음이 없이 잘 들리는 라디오를 새벽 2~3시까지 날마다 들었다.

'로동당 간부들에게', '1시 뉴스', '김영화의 풍년 마당', '해외동포들에게 보내는 조국의 소리' 등의 프로들과 새벽녘의 '극동방송'을 비롯한 기독교 방송들까지 … 1988년 서울 올림픽의 성공적 개최와 경제 성장, 자유민주주의, 자본주의, 개방된 문화와 예술 등의 다양한 소식을 접하면서 외부세계에 대한 동경을 키웠다. 원래 최북단 두만강 기슭에 살다 보니 저녁마다 중국에서 쏟아져 나오는 불빛과 중국 여행자들에게서 들은 외부 세계의 소식은 어느 정도 알고 있었다. 하지만 내가 남한에 대해서 배운 것, 즉 한평생 '헐벗고 굶주린 남조선'이 사실은 교육 내용과 완전히 다른 세상이라는 것을 알게 된 것이 탈북을 결심하게 된 가장 큰 동기였다.

나는 1996년 겨울 중국으로 넘어가 식량을 갖고 오다가 국경경비대에 붙잡혔다. 하지만 나는 다행히 '탈북하는 과정'이 아닌 '돌아오는 과정'이었기 때문에 용서받고 풀려나올 수 있었다. 이 시기 엄청나게 많은 사람들이 굶어 죽었고 북한은 사실상 마비 상태이자 '아비규환' 상태였다. 1997년 1월 초 완전 탈북을 결심한 나는 1월 11일 중국으로 건너갔다. 3년 후 가족 모두를 탈북시켰고 지금은 서울과 강원도에서 잘 지내고 있다.

남북한의 삶, 만남, 평화 이야기

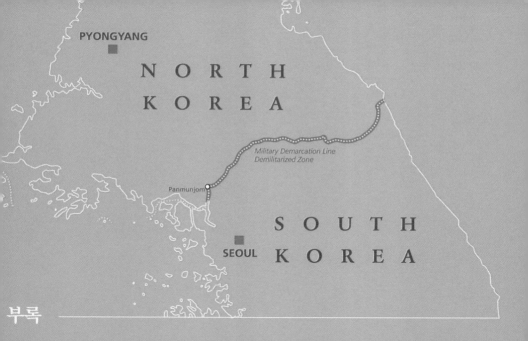

주먹을 거두고 악수로: 독일의 통일 이야기

1. 동독의 붕괴

1980년대 후반 동유럽 변화는 고르바초프가 개혁, 개방, 가속화를 내세우며 추진한 소련의 개혁에서 시작되었다. 냉전 체제가 무너지면서 동유럽 국가들이 소련의 영향력에서 조금씩 벗어나기 시작했다. 하지만 동구권은 경제적으로는 생산 효율이 떨어져서 인민들의 수요를 충족시키지 못했고 원자재 역시 제대로 공급되지 않아 만성적인 물자 부족에 시달리고 있었다. 생산 시설의 노후화, 낮은 기술 수준, 인민들의 무기력이 더해졌지만 외화 부족으로 이를 해결할 만한 투자가 이루어지지 않았다. 결국 동독은 서독의 재정지원과 시장 경제 도입이 필요했다. 그럼에도 동독의 지도부는 사태의 심각성을 깨닫지 못하고, 일당독재를 유지하는 등의 기득권에만 관심을 보였다.

동독에서는 1989년 여름에 주민들에게서 변화가 나타나기 시작했는데, 헝가리로 휴가를 간 동독인들이 오스트리아를 거쳐 서독으로 탈출하는 일이 자주 일어났다. 그리고 곧이어 부다페스트, 프라하, 바르샤바의 대사관이나 서독 대표부에도 동독 난민들이 몰려드는 사태가 발생했다. 이에 서독은 동유럽 국가들에게 막대한 경제 원조를 약속하고 동독의 난민들을 받아들이게 된다. 헬무트 콜의 회고록에 의하면 상대의 체면과 명분을 생각하여 이 원조의 시기는 조절되었지만, 헝가리에만 10억 마르크의 차관이 제공되었다.

이와 시기를 같이해 1989년 9월 10일 동독을 떠나지 않은 사람들은 종교인, 재야 운동가 등이 모여서 '신 광장'이라는 단체가 조직되었다. 이것을 기점으로 동독에 여러 정당들이 등장하게 되는데, 기존에 동독 공산당을 중심으로 한 동독의 정치 구조에 변화가 오기 시작했다. 교회의 정치 활동도 이 시기에 본격화되는데, 라이프치히의 니콜라이 교회의 월요 기도모임은 수만 명의 군중이 모여서 어김없이 민주화를 요구하는 시위로 이어졌다. 독일 통일은 동독에서 시작되었다. 동독인들이 금요 시위에서 외친 구호가 "비폭력!", "우리는 국민이다!"였으며, 국민으로서 당연한 권리를 요구하고 있으니 폭력으로 대하지 말라는 외침은 동독과 서독을 넘어서 전 세계에 큰 울림을 주었다.

마침내 1989년 10월 18일 호네커가 당 서기장에서 물러나고 에곤 크렌츠가 당 서기장이 되었다. 하지만 이미 동독 주민들은 동독 공산당의 개혁 의지를 믿지 않았다. 1989년 11월 4일에는 동베를린에서 약 70만 명이 자유 선거, 공산당 독재 폐지를 요구하는 대규모 시위가 벌어졌고, 11월 7일에는 빌리 슈토프 내각이 물러나고 한스 모드로가 뒤를 이었다.

모드로는 11월 17일 서독 정부에 대해서 두 체제를 인정하고 교류를 확대하자는 '조약공동체'를 제안했고, 헬무트 콜은 '10조항 통일 정책'으로 이에 화답했다. 이 정책은 인권과 자유를 중요시하는 상호 교류 확대와 전체 유럽의 이익을 염두에 둔 통일 추진을 내용으로 했다.

2. 실수로 무너진 베를린 장벽

동독의 여행 자유화 조치는 1989년 11월 9일 저녁에 신임 중앙 위원회 정보 담당 서기인 귄터 샤보브스키의 기자 회견에서 발표되었다. 당시 동독 당국은 체코슬로바키아와 헝가리에서 일어나는 동독인들의 대규모 이탈 사태를 더 이상 방관할 수 없었다. 해결 방법은 여행의 자유를 보장하는 것이었다. 여행에 필요한 여권과 비자 발급은 최소한의 간편한 행정 절차를 거쳐 신속하게 처리될 것임을 밝히려고 했다. 하지만 이는 원래 점진적으로 시행해야 했다. 원래 발표 원고에는 지금 당장 시행된다는 것이 아니라 이 내용을 신속히 발표하라는 내용이 적혀있었다. 하지만 긴장한 샤보브스키는 실수로 기자단에게 동독 국민의 자유로운 해외 여행이 지금 당장 시행된다고 발표하였다. 이는 명백한 실수였고 잘못된 발표였다.

하지만 이 소식이 전해지자 많은 동베를린 시민들은 베를린 장벽 부근의 동·서독 출입 지역으로 몰려들었다. 국경 수비대는 그러한 지시를 들은 적이 없었기 때문에 당황스러웠다. 처음에는 머뭇거렸지만 너무 많은 사람들이 몰려들었기 때문에 서베를린으로 가는 것을 허락해 버리고 말았다. 이 사건으로 독일 분단은 사실상 종지부를 찍게 되었다. 베를린 장벽이 세워진 지 30년 만에 그 장벽이 무너진 것이다. 서베를린은 몰려든 동·서베를린 시민들로 자연스럽게 축제 분위기가 만들어졌다.

당시에 헬무트 콜 총리는 폴란드를 방문하고 있었다. 여행 자유화 조치로 수많은 동독인이 서베를린으로 모여들자 콜 총리도 방문 일정을 취소하고 베를린으로 돌아와 "의사 표현의 자유, 언론의 자유, 노동조합과 정당의 자유, 선거의 자유 등 동독 주민의 모든 생활 영역에서 더 많은 자유가 요구된다"는 연설로 동독에 더 많은 개혁조치를 요구하였다. 당시에 동독에 주둔 중인 소련 군대는 아무런 조치도 취하지 않음으로써 암묵적인 동의의 뜻을 보였다. 동구권에서 민주화 시위는 그 이전에 헝가리, 체코 등지에서 소련과 자국의 지도자에게 잔혹하게 진압된 사례가 있었다. 당시 동독의 시위도 얼마든지 폭력적으로 진압될 수 있었다. 하지만 당시 페레스트로이카를 외치던 소련의 고르바초프는 평화를 선택했고, 동독 지도부도 폭력적인 방식을 선택하지 않았다. 서독에서도 빠르지만 신중하게 동독을 자극하지 않으면서 주변국의 지원을 이끌어냈다.

한 사람의 실수로 시작되었지만 이는 결코 우연이 아니었다. 동독의 국경 수비대는 폭력을 사용하지 않았다. 서독은 동독에서 넘어온 사람들을 기꺼이 환영하고 받아들였다. 동서독 당국은 장벽 개방을 합의하지 않았고, 원한다면 늦게라도 필요한 조치를 취할 수도 있었을 것이다. 하지만 모든 국민의 평화를 향한 염원을 꺾지 못했고 결국 장벽이 열린 것이다. 베를린 장벽은 수십 년간 동독인을 억압했고 장벽을 넘기 위해 많은 사람들이 목숨을 바쳐야 했다. 분단의 폭력을 상징하던 베를린 장벽은 지금도 일부가 남아 평화의 상징물이 되었다.

이러한 가운데 1989년 12월 1일 동독의 인민의회는 헌법 제1조의 "노동 계급과 마르크스-레닌 당의 지도 아래"라는 문구를 삭제하고, 12월 3일 공산당 중앙회의 당 정치국과 중앙 위원회를 해체, 크렌츠 서기장이 퇴진하기에 이른다. 그리고 12월 7일 동베를린에서는 의결기관으로서 5개의 블록 정당과 야당, 노조, 시민단체, 교회 등을 모두 아우르는 원탁회의가 조직되었다.

서베를린에서 자유를 만끽한 동베를린의 시민들은 동독과 서독의 차이가 단순히 경제적 차이뿐만이 아니라는 것을 실감하였다. 자신들이 요구하였던 개혁만 가지고는 변화가 어렵다는 것도 깨달았다. 동독과 서독의 차이는 동독이 근본적으로 바뀌기 전에는 극복이 불가능했다. 동독의 체제가 존속하는 한 어떠한 성과도 거둘 수 없으며, 이 모든 책임은 사회주의 통일당 정권의 독재에 있었기 때문이다. 기존의 동독 체제는 더 이상 존재할 수 있는 지지 기반이 사라져버렸다. 동독 국민들은 크렌츠의 사임을 요구하였다. 결국 이러한 요구 앞에 1989년 12월 7일 크렌츠는 더 이상 버틸 수 없었고 모든 주요 공직에서 사임하였다.

3. 외교적인 노력

　　독일 통일에 대한 당시 유럽의 반응은 회의적이었다. 서독 내의 사민당과 녹색당은 물론이고 자민당까지도 동독의 경제 상황이 너무나 취약해서 각종 사회 문제가 생겨날 것을 우려하여 부정적인 입장을 보였다. 소련은 서독의 이러한 움직임이 헬싱키 정신에 위배되고 유럽의 안정을 해치는 것이라고 비판했고, 이탈리아, 영국, 프랑스 등도 독일의 민족주의를 경계하면서 통일은 현실적이지 않다고 비판했다. 유럽은 세계대전을 일으킨 독일을 경계하지 않을 수 없었고, 독일의 통일은 유럽 통합의 주도권이 독일로 넘어가는 것을 의미했기 때문에 영국과 프랑스는 이를 경계하지 않을 수 없었다. 여기에서 중요한 역할을 한 것이 바로 미국이었다. 1989년 12월 2~3일에 몰타에서 열린 미－소 정상회담에서 미국이 소련을 설득해준 것이다. 헬무트 콜은 회고록에서 당시 미국의 부시 대통령이 독일 통일에 결정적인 기여를 했다고 고마움을 표현했다.

　　두 차례나 세계대전을 일으킨 독일의 통일은 주변 국가를 긴장시키기에 충분했다. 사실 당시 유럽의 많은 국가들은 독일이 다시 통일을 이루고 성장하는 것에 거부감을 보였다. 그리고 독일의 통일은 동서독의 합의 이 외에도 미국, 영국, 소련, 프랑스 등 전승 4개국의 동의가 필요했기 때문에 2+4 회담이 열렸다. 1990년 5월 5일 본에서 열린 2+4 1차 회담에서 소련 외무장관 셰바르드나제는 통일 독일이 중립을 유지해야 하고 일정 기간 소련이 영향력을 행사하겠다는 의사를 보였다. 6월 22일에 동베를린에서 열린 2+4 2차 회담에서도 소련은 같은 주장을 했다. 미국은 독일의 통일 문제에 관해서, 자결권을 존중하지만 일단 NATO에 남고 유럽의 안정을 위해 평화적이고 단계적으로 통일을 추진하며 헬싱키 프로세스에 의거한 국경선 해결 문제 등을 조건으로 했다. 미국의 입장은 서독의 입장과 완전히 부합하는 것으로 미국은 사실상 독일의 통일을 전폭적으로 지지했다. 이에 반해 모드로와 소련의 입장은 동독과 서독이 각각의 군사 기구에서 탈퇴하고 총선을 실시한 다음 중립화된 연방국으로 통일하자는 것이었다. 콜 총리는 1990년 7월 16일 고르바초프와의 코카서스 회담에서 소련의 입장 변화를 이끌어 내는데 여기에서도 서독의 경제력이 큰 도움이 되었다. 서독은 당시 불안한 소련을 안정시키기 위해 2억 2천만 달러어치의 식량과 50억 달러의 차관을 제공했다. 그리고 동독에서 소련군이 철수하는 비용으로 150억 마르크를 지원했다. 이에 대한 대가로 소련은 독일 민족의 의지를 존중하여, 통일을 지지하고 통일 독일은 NATO에 가입할 수 있었다. 서독의 외교력은 다름 아닌 서독의 경제력에서 나온 것이었다. 평화와 자주적인 태도를 지키는 위해서는 이처럼 막강한 국력이 필요하다.

7월 17일에 열린 2+4 3차 회담에서는 독일―폴란드 국경문제 해결을 위해 폴란드의 외무장관까지 참석했다. 이 자리에서 통일 독일의 영토는 현재의 베를린, 동독, 서독으로 함으로써 폴란드에게 오더―나이세 강을 현재와 같은 국경선을 유지하겠다고 약속하였다. 그리고 마침내 9월 12일 모스크바에서 열린 2+4 4차 회담에서 통일 독일의 주권은 완전히 공인받고 미국, 소련, 영국, 프랑스 등의 2차 대전 전승국들의 독일에 대한 책임과 권한은 끝나게 된다.

물론 통일은 민족의 자주적인 자유 의사에 의해 이루어져야 할 문제이다. 하지만 현실적으로 주변을 둘러싸고 있는 여러 국가의 동의와 지원이 없이 통일은 불가능하다. 특히 유럽에서 민족의 자결권 문제는 인종, 종교, 영토 문제와 복잡하게 얽혀 있어서 매우 민감한 사안이다. 독일 통일이 가능했던 것은 통일이 단순히 독일의 발전이 아니라 유럽의 평화와 번영에 기여할 수 있다는 점을 주변 국가에게 끊임없이 설득했기 때문이다. 독일은 과거에 세계대전을 일으킨 당사자이기 때문에 통일에 대해 다른 나라가 경계를 하는 것이 당연하다고 볼 수도 있겠으나 주변 열강의 첨예한 이해관계와 분단 구조가 연관되어 있다는 점에 있어서는 한반도도 예외일 수 없다. 우리의 통일 문제 역시 더 이상 우리 민족끼리의 자주적 해결보다는 좀 더 국제적이고 보편적인 관점에서 논의될 필요가 있다.

4. 평화 통일의 중요성

1990년 3월 18일에 동독에서는 역사적인 총선이 벌어졌다. 총선의 주요 쟁점은 통일 방안이었는데, 기민당을 비롯한 독일 연맹에서는 기본법 제23조에 의해 동독이 서독에 편입하는 방법으로 신속한 통일을 하자는 의견이었고, 사민당은 기본법 제146조에 의해 동독 의회가 서독 의회와 동등한 자격으로 제헌의회를 구성한 다음 점진적인 통일을 하자는 의견이었다. 독일의 기본법 제23조는 기본법의 효력범위를 규정하고 있는데, "서독의 기본법의 적용범위로 서독의 12주가 포함되며, 독일의 다른 부분은 편입 후에 효력이 발생한다"라고 명시하고 있었다. 반면에 기본법 제146조는 기본법의 효력정지에 대한 것인데, "기본법은 독일민족이 자유로운 결정에 의해 새로운 헌법이 효력을 발생하게 되는 날 그 효력을 상실한다"라고 되어 있었다.

처음에 선거전은 사회주의 가치를 존중하는 점진적인 통일을 주장하는 사민당에게 유리한 듯하였다. 하지만 93.22%라는 높은 투표율 속에서 진행된 선거의 결과 동독 주민들의 개혁과 통일에 대한 의지가 기민당을 중심으로 한 독일 동맹이 48.15%의 득표율로 나타나게 되었다. 이것으로 드메지에르가 동독의 마지막 총리로 선출되었고, 독일의 통일도 가속화되었다.

이후 1990년 7월 1일 화폐, 경제, 사회 통합이 실현되고 10월 3일 기본법 제23조에 의거 동독 5개주가 독일 연방에 가입함으로써 독일통일이 실현되었다. 일반적으로 독일의 통일은 단순히 동독의 붕괴와 동시에 서독에 흡수 통합된 것으로 받아들여진다. 하지만 통일과정에서 많은 동독 시민들의 적극적인 요구가 있었고 동독 공산당이 사실상 지배권을 잃은 상태에서 평화적인 자유선거가 실시되어 민주적인 동독 의회의 결정에 의해 통합 조약이 맺어진 것이다. 동독 주민의 민주주의와 평화에 대한 열망이 통일을 만들어낸 것이다.

당시 통일 과정에서 양측은 평화가 아닌 폭력을 수단으로 사용할 기회가 여러 차례 있었다. 처음 동독에서 일어난 민주화 시위에서 동독 당국은 평화를 사용할 수 있었고, 베를린 장벽이 무너질 당시에도 폭력을 사용할 수 있는 여지가 있었다. 당시 소련도 동구권의 붕괴를 군사력을 사용해서라도 막고 싶다는 유혹을 강하게 느꼈을 것이다. 동독에서 이루어진 선거 과정에서도 민주주의에 미숙한 동독 시민들 간에 폭력이 개입될 수 있었다. 서독 주민들이 동독 주민들을 수용하는 과정에서도 차별, 혐오와 배제가 일어날 수도 있었다.

하지만 이 모든 위기를 이겨낼 수 있었던 것은 동서독이 제2차 세계대전의 전범 국가로서 책임감을 느끼고 과거 폭력 사용에 대한 철저한 반성이 있었기 때문이다. 그리고 일상 생활 속에서 토론과 합의를 통한 갈등 해결과 법과 원칙을 지키는 생활 습관이 통일이라는 위기에서 그 힘을 발휘했다. 일상 속에서 평화를 지키고 토론과 타협을 통한 갈등 해결을 위해 노력하는 민주적인 생활 태도가 중요한 이유가 여기에 있다. 전쟁과 폭력은 피해자와 가해자 모두에게 지울 수 없는 상처를 남긴다. 그리고 전쟁이 일어난 이후에 화해와 통합은 더욱 어렵다. 이는 한국 전쟁이라는 역사적 경험을 통해 우리도 잘 알고 있는 사실이다. 독일이 통일 이후 후유증을 빨리 회복하고 오늘과 같은 번영을 이끌 수 있는 원동력이 바로 평화이다.

통일 이후 독일 오랜 시간 경제 침체되었다. 동독 주민은 서독 주민을 '베씨', 서독 주민은 동독 주민을 '오씨'라고 부르면서 서로를 헐뜯기도 했다. 하지만 결국은 독일은 하나라는 유대감과 서로 함께 살아가려는 연대감으로 서로를 포용했다. 그 결과 마음의 장벽은 점차 낮아졌고 독일은 유럽에서 가장 개방적인 나라, 가장 국력이 강한 나라가 되었다. 독일의 평화는 유럽의 평화와 번영을 가지고 왔으며, 유럽 연합 내에서 독일의 지위도 확고해졌다. 세계대전을 두 차례나 치르고 분단국가가 되었던 독일은 전쟁으로는 결코 이룰 수 없던 목표를 평화를 통해 이루었다.

5. 독일 통일의 의의와 우리의 과제

헬무트 콜 총리는 시장 경제와 기본적인 인권을 존중하면서 전 유럽의 이익을 위한 통일을 추진한다고 천명함으로써 주변국과의 갈등을 최소화했다. 독일 통일의 모든 과정이 매끄럽고 최선의 선택이었다고 보기는 어렵지만 최대한 상대방을 존중하고 타협하는 태도가 있었기에 통일은 가능했다. 서부 유럽과 동부 유럽을 연결하는 지리적인 이점을 살려서 유럽의 자본과 기술이 독일로 모여들었다. 통일로 인한 경제 성장과 민주주의 발전 덕분에 유럽에서 가장 일자리가 풍부한 국가가 되었다. 그리하여

남북한의 삶, 만남, 평화 이야기

독일은 두 차례 세계대전을 일으키고도 분단된 국가에서 유럽의 중심이 될 수 있었다.

베를린 장벽이 사라지고 동서독의 구분이 사라졌지만 진정한 사회 통합은 여전히 진행 중이다. 독일의 통일은 서로 마음의 준비를 마치고 점진적으로 진행된 것이 아니라 매우 갑작스러운 사건이었기 때문이다. 특히 태어나면서부터 동독 체제에서 자랐고 동독 체제 이 외의 외부 세계를 경험해보지 못한 청소년들에게 있어서 통일은 기쁘면서도 한편으로 매우 두려운 것이었다. 처음에 통일은 소비, 여행의 자유 등을 가져올 것으로 기대했지만, 현실은 실업, 불확실성, 냉혹한 경쟁, 불평등을 경험해야 했다. 이는 서독의 경우에도 마찬가지로 통일의 감동은 금방 지나가고 높은 세금 부담과 사회 불안을 경험해야 했다. 이러한 독일의 사례로 진정한 통일은 결코 쉽지 않다는 것을 알 수 있다. 멀어진 마음의 거리를 좁히기 위해서는 오랜 시간에 걸쳐 서로 상대방을 인내하고 이해하려는 노력이 필요하다.

우리에게 있어 통일의 궁극적인 목적은 평화로운 삶을 실현하는 것이다. 평화는 인간의 자유로운 삶을 억압하는 폭력이 사라지고, 구성원 간에 갈등이 대화와 타협으로 해결되는 민주적인 상태를 말한다. 전쟁과 분단으로 인해 남북한 사회에서의 삶은 알게 모르게 폭력적인 수단으로 억압되어 왔으며 서로를 비난해 왔다. 분단 체제로 인해 남북한 주민은 인간으로서 반드시 누려야 할 기본적인 인권을 침해당하였으며 갈등과 폭력을 당연시하였다. 따라서 통일은 반드시 수단과 방법에 있어 평화를 지향해야 한다. 폭력적인 수단으로 통일이 된다면 통일 이후 감당할 수 없는 혼란이 찾아올 수도 있다. 평화로운 통일은 한반도 주민들의 평화롭고 행복한 삶을 위해 반드시 추구해야 할 역사적 과제이다.

1950년 6월에 벌어진 전쟁은 1953년 7월 휴전으로 마무리되었다. 하지만 전쟁이 끝난 것이 아닌 휴전이기에 계속해서 서로를 경계하고 소모적인 군비 경쟁을 벌여야 했다. 냉전 체제가 해체된 지금도 남북한이 분단된 상태에서 전쟁 가능성을 가지고 있는 모순된 상황이 바로 우리가 살고 있는 한반도에서 벌어지고 있다. 전쟁에 대한 불안감은 남북한 모두의 발전을 가로막는 장애물이 되었다.

분단 이후 남과 북은 서로 다른 체제를 선택하였고 70년이 지난 지금은 공통점보다 차이점을 찾기 쉬운 불편한 이웃이 되었다. 역사적, 문화적 공통점에도 불구하고 접촉조차 금지된 가장 먼 나라로 살아오고 있다. 북한은 서울에서 파주를 건너면 갈 수 있는 가까운 거리에도 불구하고 이제는 애써 무관심으로 외면하는 존재가 되어 버렸다.

한반도의 통일은 남한과 북한의 문제가 아니라 전 세계의 과제이다. 제2차 세계대전의 결과 남한과 북한이 분단되었다. 그리고 한반도는 동서 냉전을 대표하는 장소로 극심한 이념 충돌의 현장이 되었다. 따라서 한반도의 통일은 과거 인류의 과오를 바로잡고 새로운 역사의 장을 열어가는 계기가 될 수 있다. 서로 소모적인 군사력 경쟁을 해야 하는 현 체제에서는 남북한 모두 발전에 분명한 한계가 있다. 남북한 분단 체제와 대결 구도는 양측에 많은 부작용을 낳고 있으며, 막대한 군사 비용이 지출되고 있다. 핵과 장거리 미사일 문제는 한반도를 넘어서 주변국과의 긴장을 고조시키고 있다. 무엇보다 권위적인 정치 체제로 인해 국민의 자유가 침해되고, 군사적인 문화를 생활 곳곳에서 찾아볼 수 있다.

남한은 지금까지 세계에서 유래를 찾기 힘들 정도의 성취를 이루어냈다. 광복과 한국 전쟁 직후 외국의 원조로 근근히 살아가던 국가에서 이제는 세계 10대 경제 대국이 되었고 성공적으로 군사 독재를 몰아내고 스스로 민주화를 이루어냈다. 하지만 아직 과거의 그늘에서 완전히 벗어난 것은 아니다. 통일이라는 큰 역사적 과제가 남아 있기 때문이다. 그리고 요즘에는 성장의 한계도 분명히 나타나고 있다. 이 위기를 극복하고 새로운 도약의 계기를 마련하기 위해서는 전쟁의 위협을 없애야 하고, 남북한이 공동 성장, 공동 번영하기 위해서는 평화가 필수적이다. 평화는 통일로 가는 중요한 수단이자 통일로 달성하고자 하는 목표이다. 남북한이 공동 성장, 공동 번영의 길로 나아가기 위해서는 반드시 평화가 필요하다. 우리 사회가 꿈꾸는 자유, 공정, 평등의 보편적인 가치는 평화적인 분위기에서 실현할 수 있다.

통일을 위한 준비는 지금부터 필요하다. 첫째, 북한 지역의 투자와 복지를 위한 경제력이 필요하다. 둘째, 주변국에 통일을 설득할 수 있는 외교력이다. 그러기 위해서는 통일이 지역의 안정과 세계 평화에 기여하기 때문에 주변국에도 이익이 돌아갈 수 있다는 점을 알려야 한다. 셋째, 성숙한 민주주의 문화이다. 통일 과정과 그 이후 많은 갈등이 예상된다. 갈등 해결이 평화롭게 이루어지기 위해서는 서로에 대한 이해와 인내, 타협, 설득이 필요하다. 넷째, 통일에 대한 의지와 관심이다. 거대한 역사적 문제나 거시적인 해결책이 필요한 정치적 문제에서 개인의 힘은 너무도 미약하고, 무기력해 보이기까지 한다. 하지만 거대한 역사적 흐름은 우리 개인의 관심이 모여서 시작된다는 점을 잊어선 안 된다. 독일의 통일은 동독 주민들의 작고 평범한 바람에서 시작되었고, 이 과정에서 서독 주민들의 이해와 지지가 있었기에 통일이 실현될 수 있었다.

북한은 우리의 이웃이자 일부이다. 분단 체제 극복과 통일 문제를 외면하고 성장과 발전을 이야기하는 것은 명백한 한계가 있다. 이상의 조건들은 꼭 통일이 아니라도 남한의 발전과 안정을 위해 반드시 필요하다. 무엇보다 평화를 지향하는 삶의 태도를 길러내는 것이 중요할 것이다.

저자 후기

통일에 대한 단상

임 상 순

우리에게 통일은 무엇인가? 통일은 남북한이 함께 안고 있는 네 가지 분단, 즉 지리적 분단, 정치적 분단, 군사적 분단, 심리적 분단을 극복해가는 과정이다.

1945년 8월 15일 연합군의 승리로 일본이 항복하면서 한반도가 일제의 식민지로부터 해방되었다. 한반도가 해방되기 며칠 전 소련군의 한반도 전체 점령을 두려워한 미국의 3성 조정위원회(국무성, 전쟁성, 해군성)는 한반도 38선 분할 점령안을 만들었다. 이 점령안은 해방 2일 전인 8월 13일 미국 대통령 트루먼에 의해 승인되었다. 그리고 8월 16일 소련의 최고지도자 스탈린이 미국의 38선 분할 점령안에 동의하면서 한반도는 지리적으로 분단되었다.

한반도가 지리적으로 분단되는 과정에 우리 민족 구성원들의 의사는 전혀 반영되지 않았다. 미국과 소련이라는 두 강대국의 결정에 의해 한반도가 지리적으로 분단된 것이다. 힘없는 민족의 운명은 항상 이런 식이다.

1905년 11월 17일 우리 민족의 수치인 '을사조약'이 체결되기 4개월 전인 1905년 7월 29일 미국과 일본은 도쿄에서 '가스라－테프트 밀약'을 맺었다. 핵심은 미국의 필리핀에 대한 지배권을 일본이 인정해 주고, 대신에 대한제국에 대한 일본의 지배권을 미국이 인정해 준다는 것이다. 이러한 비밀협약의 존재를 몰랐던 대한제국의 고종은 일본을 견제하기 위해서 미국에 도움을 요청했다. 물론, 미국은 대한제국 요청을 무시했다.

지금 남한과 북한은 자신을 지킬만한 힘을 가지고 있는가? 남한은 세계 10위의 경제강국이다. 북한은 핵폭탄을 개발했다. 경제력과 핵폭탄이 국제사회에서 생존을 보장해 주는가? 그렇지 않다는 것을 우리는 다 알고 있다.

1948년 8월 15일 남한에는 '대한민국 정부'가 수립되었다. 대통령제를 채택했고 초대 대통령에 이승만 박사가 취임했다. 이승만 대통령은 일제 강점기에 미국에서 대학을 졸업했으며, 독립을 위해 다양한 외교활동을 펼친 인물이다. 자유 민주주의에 대한 신념이 강했고, 미군정의 강력한 지지와 후원을 받았다. 다음 달인 1948년 9월 9일 북한에는 '조선민주주의인민공화국' 정부가 출범했다. 소련 스탈린으로부터 북한 지도자로 승인을 받은 김일성이 '수상'에 취임했다. 북한은 소련 지도부의 지시하에 소련 사회주의 체제를 이식받았다. 이렇게 남한에는 한국식 자유민주주의 시장 경제 체제가 자리를 잡았고, 북한에는 조금 이상한 형태의 사회주의 계획경제 체제가 형성되었다. 결국 남한과 북한은 정치적으로 분단되었다.

우리가 통일 노래인 '우리의 소원은 통일'을 부를 때, 그 누구도 한반도가 북한식 '공산체제'로 통일되는 것을 생각하지 않는다. 신기한 것은 북한 주민들도 통일 노래를 부르면서 남한식의 '자유민주주의 시장 경제 체제'의 통일을 상상하지 않는다는 것이다. 남한은 남한체제에 의한 통일을, 북한은 북한체제에 의한 통일을 꿈꾸고 있다. 그래서 역설적이지만, 남한과 북한이 통일에 대해서 이야기하면 할수록 통일은 멀어진다. 이는 서로가 추구하는 통일한반도의 모습이 완전히 다르기 때문이다.

그러면 이러한 정치적 분단은 어떻게 극복해야 하는가? 2000년 6월 15일 남한의 김대중 대통령과 북한의 김정일 국방위원장은 '6.15 공동선언'을 발표했다. 이 선언 제2항에서, "남과 북은 나라의 통일을 위한 남측의 연합제안과 북측의 낮은 단계의 연방제안이 서로 공통성이 있다고 인정하고 앞으로 이 방향에서 통일을 지향시켜 나가기"로 합의했다. 서로 다른 정치체제를 유지하고 있는 남한과 북한이 서로의 체제를 인정하고 국방권과 외교권을 각각 가지는 방식의 통일방식에 잠정 합의한 것이다.

1950년 6월 25일 소련과 중국의 지원을 받은 북한군이 남침을 개시했다. 전쟁준비를 제대로 하지 않고 있던 남한군은 3일 만에 수도 서울을 북한군에 내주고 후퇴했다. 미군을 중심으로 한 유엔군이 남한을 돕기 위해 참전해서 전세는 역전되어 국군과 유엔군이 압록강까지 밀고 올라갔다. 열세에 몰린 북한은 중국에 참전을 요청했고, 중국군의 참전으로 6·25 전쟁은 완전한 국제전이 되었다. 38선 근처에서 교착상태에 빠져 있던 전쟁은 1953

년 7월 27일 북한의 김일성, 중국의 팽덕회, 유엔의 클라크가 휴전협정에 서명하면서 정전상태가 되었다.

정전 70주년인 올해까지 우리는 무의식 속에 전쟁의 가능성을 염두에 두고 살아가고 있다. 이것은 북한 학생들과 주민들도 마찬가지다. 북한은 고등학생 때부터 군사조직에 편입되어 방학 때 군사훈련을 받는다. 남녀학생 할 것 없이 실탄 사격을 한다. 북한 인구 2500만 명 중에서 군인 수가 120만 명이고, 민간인 중에서 100만 명 이상이 항상 군사훈련 중이다. 북한은 언제 전쟁이 나더라도 220만 명은 즉각 동원이 가능한 체제를 유지하고 있는 것이다. 남한 역시 매년 50조 원 이상의 세금을 국방비로 지출하고 있다.

북한 주민들이 우리와 같은 민족 구성원이고 포용의 대상인 것은 분명하지만, 전쟁이 아직 끝나지 않았기 때문에 전쟁 발생 시 무찔러 이겨야 할 '적'인 것도 분명하다. 북한과 대화를 지속하고 경제협력을 강화하는 동시에 전쟁을 대비하고, 경계와 긴장을 유지하며 한미동맹을 강화해야 한다.

그런데 언제까지 이러한 전쟁의 위험 속에 살아야 하는가? 전쟁의 두려움 없이 편안한 밤을 보낼 수는 없는 것인가? 북한이 핵실험을 할 때마다, 미사일 시험발사를 할 때마다 우리는 전쟁의 공포를 상기한다. 이러한 상태에서 벗어나기 위해서 전쟁 당사국들이 모여 '종전(전쟁 끝)'을 선언하고 평화협정을 체결할 필요가 있다.

1945년 8월 15일 분단 이후 78년이 지났다. 가까운 친구라도 1년 만에 만나면 왠지 어색하고 서먹한 것이 사람 관계이다. 하물며 전쟁까지 치르고, 만나본 적도 없는 북한 사람들에 대해 심리적 이질감과 거리감을 느끼는 것은 지극히 당연하다. 이러한 심리적 분단은 지리적, 정치적, 군사적 분단의 결과물이기도 하다. 그런데 문제는 이러한 심리적 분단의 치유가 가장 오랜 시간이 걸리고 어렵다는 것이다. 1990년 5월 평화적으로 합의에 의해 남북통일을 달성한 중동의 작은 국가 예멘은, 결국 남북 주민들 사이의 심리적 분단을 제대로 해결하지 못함으로써, 1994년 내전이 발생했고, 결국 전쟁으로 북예멘이 남예멘을 정복하면서 완전한 통일이 이루어졌다. 심리적 분단 해결이 그만큼 중요하다는 것이다. 심리적 분단을 완화하기 위해 다음 2가지 준비가 필요하다.

첫째, 2023년 현재 남한에는 3만 명 이상의 북한 출신 사람들이 '북한이탈주민'이라는 이름으로 살아가고 있다. 이들과의 심리적 분단을 해소하는 노력이 있어야 한다. 3만 명 이상의 북한이탈주민들에 대한 심리적 편견과 차별의식을 해결하지 못하면서, 어떻게 북한에 살고 있는 2500만 명의 북한 주민들과 더불어 잘 살아갈 수 있을 것인가.

둘째, 북한과 남한의 차이를 있는 그대로 바라보는 연습을 해야 한다. '나의 문화유산 답사기'라는 책에서 유홍준 교수는 "아는 만큼 보이고, 보이는 만큼 느낀다"고 했다. 북한체제의 특징은 무엇이고 남한과 어떻게 다른지 그리고 북한 주민들은 어떤 일상생활을 하고 있는지를 알아가고자 하는 노력이 필요하다.

북한에 살고 있는 북한 주민들과 남한 주민들은 한반도에서 통일신라 건국(676년)부터 분단(1945년)까지 무려 1269년 동안 한 국가 구성원으로서 살아왔다. 함께 거란족, 몽골, 일본 등과 맞서

싸우면서 국가를 지켰다. 이제 분단을 극복하고 하나의 국가로
되돌아가는 것은 우리의 몫이다. 여기에는 진보와 보수, 남자와
여자, 어린이와 어르신, 여당과 야당의 구분이 따로 없어야 한다.

우리의 소원은 통일? 다시 생각해보는 통일

김 병 욱

 통일과 관련한 행사장에 가면 쉽게 들어볼 수 있음에도 매번 가슴을 울리는 노래가 있다. 그것은 바로 "우리의 소원은 통일"이다. 노래를 부르는 와중에 이런 생각이 자주 들곤 한다. 가사처럼 꿈속에서도 통일을 갈망하는 이가 이들 가운데 몇 명이나 될까? 이제는 통일이 우리의 소원이 아닌, 탈북민을 비롯한 특정인의 것으로 축소되었다는 느낌이다. 외세에 의해 강요된 한반도의 분단이, 어쩐지 오늘은 내세에 의해 남북한 두 지역 주민 간의 정치적 대립과 분열로 확산되어가는 것 같다. 이제는 남한과 북한이 영영 헤어질 때가 되지 않았나 하는 생각도 든다.

 나는 그 이유를 개인 그리고 국가차원에서 본 통일의 필요성과 접근에서 찾고 싶다. 통일은 한반도에서 핵전쟁의 위협을 없애고 평화를 안착시킬 수 있는 유일한 수단이어서 한반도에 살고 있는 모든 사람들은 사상과 이념, 종파를 초월하여 통일문제에 접근해야 한다는데 이견이 없을 것이다. 이는 개인 그리고 국가차원의 이기심을 동시에 만족시키고 있어 남북한 주민 모두가 통일에 대한 이타적인 관계를 가질 수 있게 한다. 그런데 일각에서는 통일로 인해 현 세대가 얻게 될 경제적 이득에 대해 강조한다. 통일공감대 확산을 위한 교육장의 연단에 선 강사로부터 북한지역의 싼 인건비나 부동산 투자에 대한 설명을 들을 수 있다. 북한지역이 통일로 인해 노동력의 판매시장, 잉여상품의 판매시장으로 될 수 있다는 느낌이다. 이러한 인식은 개인의 이기심만을 자극하여 통일의 필요성이나 실제적인 접근이 결국 국가차원의 이기심을 배제하는 결과로 귀착될 수 있다. 통일의 필요성과 접근에서 개인 그리고 국가차원의 인식이 불일치한다고 볼 수 있다.

그렇다면 북한은 어떤가? 북한은 통일의 필연성을 사대(事大: 큰 것을 섬기다)와 교조가 강요되었던 한반도, 광복 이후에도 미결로 남아있는 한민족의 완전한 자주권 회복의 기회라는 국가차원의 인식에서 출발한다. 따라서 통일로 인해 얻게 될 개인의 이득보다는 한민족 공동의 이익, 후세가 얻게 될 이익을 강조한다. 통일에 대한 접근에서도 전 민족 대단결의 미명하에 이타성을 강조한다. 이러한 점에서 북한은 개인차원이든 국가차원이든 통일의 필연성과 접근에서 일치하게 접근한다고 볼 수 있다. 그러나 북한이 말하는 통일은 한반도 전역의 북한식 사회주의화, 이른바 공산화 통일을 전제로 하고 있다는 것을 명심해야 한다. 북한식 흡수통일로 인해 얻게 될 개인의 이익은 논의될 수 없다. 그 이면을 보면, 국가차원의 이기심만을 충족시키는 셈이다.

이기심은 상호 불신을 야기시키고 협력을 어렵게 한다. 결국 남북한 주민 모두가 손해를 보게 만든다. 남북한이 각각의 이기심을 추구하는 가운데 이질성은 커지고 통일은 자리 잡을 곳이 없다. 현명한 선택은 상대편을 배려하고 협력하여 그 이익이 일부일지라도 자신에게 돌아오게 하는 것이다.

남한은 개인차원의, 북한은 국가차원만의 통일에 대한 필요성을 강조한다. 이러한 접근에서 벗어나야 한다. 그래야 "우리의 소원은 통일"의 가사에서처럼 남북한 주민 모두가 꿈에서도 통일을 그릴 수 있는 그러한 날이 올 것이다.

과정으로서의 통일

신 봉 철

　사실 남북통일의 당위성은 통일 교육에 중요한 전제가 되는 부분이다. 하지만 지금까지의 통일 교육에서 남북통일은 그저 한 민족의 통일국가 마련이나 남북한의 역량이 결집되면 남한의 기술과 북한의 노동력과 지하자원이 결합되어 선진국이 될 것이라는 식의 피상적인 수준에 머물러 있었던 것이 사실이다. 하지만 학생들의 사고관이 개인화되고 남북 분단 상황이 길어지면서 남북통일의 당위성이 의문시되고 있다.

　오늘날의 교실에서 통일교육은 참으로 어려운 일이다. 우리의 소원은 통일이라는 당연한 명제는 더 이상 학생들에게 당연한 것이 아니라 부당한 것이 되어 가고 있다. 남한의 경제도 어려운 상황에서 과연 북한의 경제를 떠안을 수 있을까 하는 의문이 있다. 그리고 그동안 받아온 반공교육으로 부정적인 이미지가 강해진 북한에 대한 노골적인 거부감이 드러나기도 한다. 더구나 남북이 분단된 지 70년이 넘어가면서 학생들에게 있어 남북통일의 의지는 갈수록 약해지는 것이 현실이다. 오늘날 북한의 핵위협과 경제 상황은 학생은 물론 성인들에게까지 통일의 의지를 약하게 만들고 있다. 그렇다면 과연 남북통일은 우리에게 어떤 의미일까?

　단순히 한민족이니까 통일을 해야 한다는 식의 주장은 더 이상 젊은 세대에게 설득력이 없다. 오늘날에는 단일 민족 국가보다 다민족 국가가 보편화되고 있기 때문이다. 그리고 남북통일이 경제나 정치 사회 전반에 긍정적인 영향보다는 부정적인 영향을 줄 가능성이 보다 높은 것도 사실이다. 통일 비용이나 통일 편익을 논의하기 이전에 어떻게 하면 젊은 세대에게 통일의 중요성을 설득할 것인가가 보다 중요한 문제이다. 독일의 경우를 볼 때, 어차피 통일은 장기적으로 많은 비용이 든다는 것을 알 수 있다. 빈부격차 문제나 남한 내의 단순 노동직의 실직 사태, 북한 주민들의 사회 부적응, 북한 내 남한 사람들의 재산 처리 문제 등 중단기적으로 볼 때 부정적인 문제가 크게 나타날 것이 분명하다.

그렇다면 통일의 당위성은 사라진 것일까? 통일의 당위성은 현재나 과거보다는 미래에 의미가 있다. 그리고 우리 국가의 이익보다는 세계적인 관점에서 바라볼 필요가 있다. 경제적인 잣대를 놓고 볼 때, 통일은 단기적인 이익을 기대하기 힘든 사업이다. 오늘날의 남북경협이나 현대의 금강산 사업을 놓고 보더라도 이것은 분명한 사실이다. 만약 통일이 된다고 가정한다면 한 세대 이상은 분명히 통일 후유증으로 고생을 감수해야 한다. 하지만 그렇다고 하여 남북통일의 당위성을 가볍게 보아서는 안 된다.

중국과 일본, 러시아와 미국이라는 4대 강국에 둘러싸인 한국은 그야말로 작은 나라이다. 하지만 이 작은 나라를 두고 오래전부터 강대국들이 다툰 이유는 그만큼 우리나라에 얽힌 이해관계가 복잡하기 때문이다. 그리고 남북한의 분단 상황은 이러한 강대국들의 이해관계가 복잡하게 반영된 결과이다. 남북한의 분단은 언제든 전쟁이 다시 일어날 수 있는 긴장관계를 내포하고 있다. 한반도는 언제 전쟁이 일어날지 모르는 세계의 화약고인 것이다. 그리고 남북한의 전쟁은 단순히 작은 나라의 내전이 아니라 국제적인 전쟁으로 확전될 가능성이 얼마든지 있다. 따라서 남북한의 통일이 세계평화에 기여하는 면을 생각해 볼 때 남북한 통일의 당위성은 여전히 유효한 명제이다.

그리고 남북한 분단 상황에서의 경제 발전은 대륙과 바다를 연결하는 반도적인 한반도의 위치를 생각할 때 분명한 한계를 내포하고 있다. 남한이나 북한 모두 그들이 가지고 있는 잠재력을 절반도 발휘할 수 없는 상황이다. 이것은 독일 통일과 구분되는 중요한 차이점이다. 남한이나 북한 모두 자원이 풍부하다고 볼 수는 없지만, 두 국가의 위치를 연결했을 때 생겨나는 잠재력은 분명히 지금의 잠재력과는 다른 것이다. 따라서 먼 미래를 보았을 때 남북통일은 경제발전에 크게 기여할 수 있을 것이다.

통일이 우리에게 이익이 되니 통일을 추진해야 한다는 생각은 역사를 너무 단순하게 바라보는 시각이다. 우리 민족이 경험한 유구한 역사는 항상 고난의 역사였다. 하지만 우리의 선조들은 고난이 닥쳐올 때마다 단결하여 그 고난을 이겨냈다. 그리고 그 결과 우리가 이만큼의 번영을 누리고 있는 것이다. 역사는 오늘을 살고 있는 우리에게도 고난을 주고 있지만, 그 고난을 피하기만 한다면 아무런 발전을 기대할 수 없다. 통일은 역사가 우리에게 준 해결해야 할 과제이다.

통일은 준비된 상황에서 이루어지는 것이 아니다. 독일의 경우에도 그랬지만 갑자기 통일이 찾아올 수도 있다. 우리가 원하든 원하지 않든 갑자기 찾아올 수도 있고, 아무리 노력해도 오지 않을 수도 있다. 하지만 우리는 변함없이 우리와 국경을 맞대고 있는 북한이라는 집단을 이해하고 관계를 개선하려는 노력을 게을

리해서는 안 될 것이다. 그리고 우리 사회와 경제를 보다 안정시킬 필요가 있다. 이것은 한민족으로서뿐만 아니라 한반도를 살아가는 세계인 한 사람으로서의 의무이다.

이 책에서 보았듯이 북한은 많은 문제를 가진 집단이다. 그리고 남한 역시 아무 문제가 없는 완벽한 사회는 아니다. 통일로 인해 남한과 북한 사회가 가진 문제점들이 한꺼번에 해결되지도 않을 것이다. 하지만 현재 북한이나 남한 사회가 가지고 있는 문제들의 원인 중 상당 부분은 남북 분단에 기인한 것이 많다. 현재의 남한과 북한은 함께 하기엔 너무나 다르다. 하지만 다르다는 사실은 통일을 어렵게 하는 장애가 될지언정 통일을 피하자는 논거가 되어서는 안 된다.

통일은 우리나라가 보다 더 살기 좋은 나라가 되기 위한 과정이다. 통일은 북한에서 주장하는 적화통일이 되어서도 안 되고, 남한이 북한을 일방적으로 흡수하는 방식이어서도 안 된다. 여기서 흡수통일이란 경제적인 면은 물론이고 문화적인 것을 포함하는 것이다. 남한의 북한화나 북한의 남한화가 아닌 새로운 국가가 되어야 할 것이다. 단순히 남한과 북한이 철조망을 걷어 내고 하나의 국가가 되는 것으로 통일은 끝나지 않는다. 진정한 통일은 많은 시간과 치유과정이 필요한 장기적이고 힘든 여정이 될 것이다.

사실 통일을 위해서 필요한 조건들이 많다. 경제적으로 좀 더 성장하고, 안정되어야 하며, 외교적으로 더 많은 영향력을 발휘할 수 있어야 한다. 일반인의 입장에서 통일은 너무 먼 이야기일 수밖에 없다. 사실 우리가 기울일 수 있는 통일을 위한 노력은 거창한 것이 아니다. 우리 스스로를 반성하고 타인을 배려하고 받아들일 수 있는 관용의 정신을 길러야 한다. 평화를 지키며 대화하는 법을 알아야 하고, 타인의 입장을 이해하고 받아들이며, 함께 공감할 수 있는 감수성이 필요하다. 평화를 지향하는 삶의 태도를 습관화해야 한다. 무엇보다 먼저 상대방을 이해하기 위해서 상대방이 어떤 상대인지를 파악하려는 노력이 필요하다. 이 모든 것은 현재 우리 교육의 근본 목표인 "민주 시민 양성"에 포함되는 내용이다. 통일은 우리 사회가 내세우는 기본을 지키는 것에서 시작된다. 통일은 우리가 좀 더 성숙한 존재가 되기 위한 노력에서 시작되어야 한다.

내가 생각하는 통일

최 영 일

지난 1년간 열심히 달려온 집필진 구성원들에게 감사한다. 매월 모임을 알차게 해 온 결실을 보게 된 것은 모두 자신의 열정을 다했기 때문이라고 생각한다.

처음에 통일 관련 교육교재가 넘쳐나고 북한에 대해 쓰여진 책들도 많은데 과연 이 책이 참신함을 나타낼 수 있을까 하는 고민이 있었다. 그럼에도 탈북자의 입장에서 본 북한을 들려주는 것만으로도 하나의 작은 도움이 될 수 있겠다는 생각으로 임했다. 긍정과 부정을 떠나서 살아왔던 삶을 그대로 전달하여 굳어져 버린 북한 인식에 작은 하나의 다른 점을 찍어 주는 것만으로도 도움이 될 것이라는 생각이 들었다. 남북한 저자들이 한 글자씩 토론하며 서로 부족한 부분을 채워나가면서 통일은 사람이 직접 만나서 생활 속에서 시작되어야 한다는 사실을 깨달았다.

남한 사회의 통일관이나 대북관, 통일교육은 지나치게 '제국주의적'인 모습을 띠고 있다. 남한의 통일관은 남과 북의 사람이 만나는 통일이 아닌 북한에 매장된 지하자원을 포함한 경제적 가치를 점유하는 것이 통일이다. 단천의 마그네샤크링카(마그네슘을 원료로 하는 내열재), 무산의 철광, 북부지구와 평안남북도의 무연탄과 갈탄 매장량, 동과 희토류를 비롯한 희금속이 사람보다 더 중요하다. 또한 북한이 열리면 그곳을 통해 러시아와 중국, 몽골의 대륙을 지나 유럽과 동남아로 여행을 다닐 수 있다는 통일교육은 마치 한편의 동화이야기를 듣는 것 같다. 더욱이 통일이 되면 남학생들은 군대에 가는 부담을 줄일 수 있다는 일부 통일교육위원들과 강사들의 이야기는 눈물겹다. 그러면서 한편으로 이해가 간다. 그런 이야기를 해서라도 새 세대들의 마음속에 통일관을 확립하고 북한에 다가가게 하려는 그 마음 말이다.

북한을 탈출해 남한을 살면서 느끼는 통일의 가치는 '사람'이다. 남한 사람이 북한 사람과 만나는 것이 불편하면 통일은 다시 분단을 가져올 수 있다. 통일의 최대 가치는 사람들이 서로 다른 가치관과 주장들을 포용하고 하나의 공동체를 이루는 데 있다.

남한에 없는 지하자원을 이용하거나 값싼 노동력을 이용하겠다는 통일관으로는 아무것도 온전히 이룰 수 없다. 북한을 경제개발의 수단으로 삼겠다는 통일관으로는 북한 사람들을 설득시키기도 어렵고, 통일 이후에 많은 부작용을 가지고 올 것이 분명하다. 북쪽에 살고 있는 사람도 분명 남쪽에 살고 있는 사람과 같은 존재인데, 단지 북쪽의 사람을 값싼 노동력으로, 북쪽 사람이 살고 있는 삶의 터전을 단순히 지하자원이 풍부한 곳으로만 생각한다면 진정한 통일은 어렵다.

이 책을 통해 북한 사람들의 살아가는 모습을 읽고 '민족애'를 회복하고 그들이 사람답게 살아가는 것을 소망하는 학생들이 많아지면 좋겠다. 그게 이 책을 쓴 이유다. 시간을 쪼개가며 매월 약속 일자를 잡고 열띤 토론을 진행했던 남북한 집필진들에게 감사를 드린다.

저자 소개

대표저자: 임상순

경상북도 안동 출생 / 정치학 박사(동국대) / 현재 평택대학교 통일학피어선교양 전공 주임교수
주요 저역서로 『핵 무기 전파, 그 끝없는 논쟁』(2022, 박영사), 『통일과 평화 그리고 북한』(2022, 박영사), 『12개 렌즈로 보는 남북관계』(2021, 박영사) 등이 있다.

저자: 김병욱

평양시 평천구역 출생 / 북한학 박사(동국대) / 현재 (사) 북한개발연구소 소장, 배화여자대학교 강사
주요 저역서로 『현대전과 북한의 지역방위』(2011, 선인), 『탈북민 박사 부부가 본 북한: 딜레마와 몸부림』(2013, 매봉), 『남북한 박사부부가 새롭게 쓴 논문작성법』(2015, 북스힐) 등이 있다.

저자: 신봉철

울산광역시 출생 / 교육학 박사(서울대) / 현재 인천공항중학교 교사
주요 논문으로 "통일에 무관심한 청소년들을 위한 새로운 통일논리 및 교수학습 방법 개발"(통일부 신진연구자 논문집, 2011), "탈북청소년들의 학교 적응과 민주시민성 함양을 위한 연구"(통일교육연구, 2012) 등이 있다.

저자: 최영일

양강도 김정숙군 출생 / 북한학 박사(동국대) / 현재 국립 통일교육원 학교 통일교육 강사
주요 논문으로 "함경북도 지방주의, 가족주의에 대한 소고"(북한학연구, 2017) 등이 있다.

남북한의 삶, 만남, 평화 이야기

초판발행	2023년 4월 30일
지은이	임상순 · 김병욱 · 신봉철 · 최영일
펴낸이	안종만 · 안상준
편 집	사윤지
기획/마케팅	최동인
표지디자인	Benstory
제 작	고철민 · 조영환

펴낸곳   (주) **박영사**
          서울특별시 금천구 가산디지털2로 53, 210호(가산동, 한라시그마밸리)
          등록 1959. 3. 11. 제300-1959-1호(倫)

전 화	02)733-6771
f a x	02)736-4818
e-mail	pys@pybook.co.kr
homepage	www.pybook.co.kr
ISBN	979-11-303-1744-1 93340

정 가   14,000원